新・MINERVA
福祉ライブラリー
45

社会的孤立への
コミュニティソーシャルワーク実践

地域福祉推進の羅針盤

加藤昭宏 著

ミネルヴァ書房

は じ め に

「人は変わる」

そして，

「人は良い支援を受けると，良い支援者になる」

　これは，筆者の師匠の佐野治先生（元・愛知県立大学，現・福井県立大学）の言葉である。これまで筆者は，相談者が「変わる」場面に何度も遭遇してきた。そしてそのような相談者の皆様に，いつも助けられてきたし，今も助けられている。

　近年の社会経済状況の変化に伴い，個人や世帯が抱える課題はますます多様化・複雑化している。さらにそれらが1つの世帯に複合的に発生し，深刻化している事例はもはや珍しいものではなくなっている。そのような状況の中，地域で福祉実践に取り組むコミュニティソーシャルワーカー（以下，CSW）をはじめとする地域福祉実践者は，個別支援と地域支援を同時一体的に進め，地域福祉の推進を図る重要な役割を担っており，ソーシャルワーク機能を発揮していくことが期待されている。潜在化した地域生活課題を掘り起こして必要な制度やサービスにつなげるだけに留まらず，既存の制度だけでは対応しきれない課題であっても受け止め，支援を展開し，また地域住民等と協働して新たな社会資源をつくり出していくなど，期待される支援内容は非常に多岐にわたり，CSWを担う人材には高度な技術が求められている。

　このような課題がある中で，筆者はこれまで愛知県の長久手市社会福祉協議会（以下，長久手市社協）において，市内初のCSWとして，制度の狭間の課題や複合的な課題を抱え社会的孤立状態となっている個人や世帯への支援に携わってきた。具体的には，ひきこもり，不登校，ゴミ屋敷状態の家（以下，ゴミ屋敷），近隣住民同士のトラブル（以下，近隣トラブル），家族不和，8050世帯と

いった事例である。これら CSW が主として関わる事例には，多くの場合，その背景に発達障害（グレーゾーン，未診断を含む）やその二次障害，精神疾患が散見された。

これらの問題，課題を抱える個人・世帯の支援においては，制度の狭間という言葉どおり，単に制度を紹介したり，話を聞いたり，また家族や近隣の住民，支援者等の目の前に現れている問題の解決を図ったりする（例えばゴミ屋敷の住人に対してゴミを片付けようと働きかける，ひきこもり状態の人に対して居場所を紹介するなど）だけでは対応ができない事例が多々見受けられた。実際にこれまで，他の相談支援機関が「制度を紹介したが断られてしまった」「『またいつでも相談してください』と伝えたから，今は"待ち"です」と言っているのを筆者は何度も耳にし，そしてそこから数年後，状態が悪化し CSW につながることもあった。また仮に受診勧奨を行い医療につながったとしても，例えば 1 か月に 1 度の診療だけでは支援は不十分で，状況の改善につながらないことも少なくなかった。加えて，これら社会的孤立事例への支援では，ストレングス・モデルなど既存のコミュニティソーシャルワーク理論・方法論では支援が難しい，もしくはつながることさえできないということも珍しくなく，どう支援していけばいいのかと立ち尽くし，涙することもあった。

CSW が主として個別支援の対象としているのは，困っていても誰にも助けを求めることができず社会的に孤立した状態にある人や，制度やサービスの対象とされずにいる人である。その支援はどれも簡単なものではなく，そもそもどのようにして介入すればいいかわからないなど，自分自身の力不足を痛感し，支援者として途方に暮れてしまうこともあるだろう。しかし，だからといって諦めるわけにはいかない。それでは，そのような人たちに対して支援を展開していくためにはどうしたらいいのだろうか。私たち地域福祉実践者には，何ができるのだろうか。本書の執筆動機の根源はここにある。

筆者はその後，コロナウイルス感染症の影響もあり，緊急小口資金など生活福祉資金の貸付や日常生活自立支援事業などを担当する部署へ主任ソーシャルワーカーとして異動した後，愛知県の半田市社会福祉協議会（以下，半田市社

協）が重層的支援体制整備事業（移行準備事業・当時）を立ち上げるタイミング
で，同事業を担当する CSW の一人となった（このように 2 つの自治体における
CSW 実践の萌芽期にソーシャルワーカーとして現場実践に参画できたことは，自身の
今後の実践・研究の基盤となる知見を得ることができた貴重な経験であった）。半田市
社協では，主に専門職・地域住民等の後方支援としての位置付けで，複合的な
課題を抱えた個人・世帯に対して多職種連携・多機関協働を基盤とした個別支
援を展開しつつ，その支援体制の整備に努めてきた。ここでは，重層的支援体
制整備事業の展開によって，これまでややもすると属人的な実践となっていた
コミュニティソーシャルワーク実践を，仕組みや体制として展開できるのでは
ないかという実感があった。

　本書はこれらのことを背景として，CSW としての現場の実践知の積み重ね
からコミュニティソーシャルワーク実践，および重層的支援体制整備事業の展
開可能性を探り，新たなコミュニティソーシャルワーク実践理論を提唱するこ
とを目的としている。筆者自身のこれまでのソーシャルワーク実践において，
多くの事例と向き合う中で，「CSW の実践理論が未成熟であり，また体制整
備が十分ではないがゆえに見逃されているニーズがあり，解決に至らない，ま
たつながることさえできない人々が数多くいる」と痛感してきた。そしてこの
ようないわゆる社会的孤立事例はもはや珍しいものではなく，支援者がニーズ
をキャッチできないうちに複雑化・深刻化していく恐れも大いにある。

　本書は，このような事態に対して地域福祉の推進を担う CSW として，包括
的な支援体制の構築を担う重層的支援体制整備事業を活用して「何ができるの
か」を検討したいとの課題意識が根底にある。裏を返せば，「まだまだやれる
ことがある」にもかかわらず「やれていない」現状があるのではないかという
問題意識を持っている。これは，個人の資質や怠慢を問題視しているのではな
く，実践理論や方法論が精緻化されていないという点で研究者（筆者自身）に
もその責任の一端があると考えている。

　さて，本書は，コミュニティソーシャルワーク実践に関わる現場実践者向け

の実務書であり，想定する主な読者は以下のとおりである。

① CSW や重層的支援体制整備事業に取り組む（あるいはこれから取り組もうとする）社協職員
② 重層的支援体制整備事業，孤独・孤立対策推進などを担当する行政職員
③ 地域福祉実践者，CSW などの社協職員や地域福祉に携わる行政職員を目指す学生，研究者

　各章は階層的に積み上がる形で検討が進められていくため，基本的には順に読むことが推奨されるが，重層的支援体制整備事業等に関わる読者にとって，特に第2章，第4章は，コミュニティソーシャルワーク実践だけでなく，包括的支援体制の構築や孤独・孤立対策にも役立つのではないかと考えている。また CSW など地域福祉実践に関わる読者や学生には，特に第1章，第3章，第5章についてはじっくりと読んでいただき，ぜひ終章まで読みきってほしいと思っている。

　様々な問題や課題が複雑化・深刻化していく中で，CSW や重層的支援体制整備事業を活用した支援の必要性は高まる一方である。有効な支援ができない自分を情けなく思い，また対象者に対して申し訳なく思う支援者はおそらく筆者だけではないだろう。また「まだまだやれることがあるはずだ」という思いを持ち，自身のスキルアップを図りたくても何を学べばいいのかもわからず，バーンアウトしてしまう支援者もいるだろう。しかし裏を返せば，どのようにアセスメントを行い，どう介入するかというアプローチ理論の検討が進むことによって，支援の突破口につながる可能性はまだまだあり，さらには多機関の協働が必要な事例への包括的な支援体制の構築もより推進されるのではないだろうか。

　また地域福祉の推進を担う CSW にとって，本書で提唱するコミュニティソーシャルワーク実践理論が新しい視座となることで一つの進むべき指針となり，CSW の専門性の強化にも資する可能性を秘めていると考えている。社会的孤立状態にある人々への支援において，当事者たちが置かれている状況を理解す

はじめに

る助けとなったり，本人を取り巻く地域へのアプローチが可能となったりなど，支援のあり方を多角的な視点から組み立てられるようになることで，より効果的な実践が展開されることに本書が貢献できることを願っている。

社会的孤立へのコミュニティソーシャルワーク実践
——地域福祉推進の羅針盤——

目　次

はじめに

序　章　「社会的孤立」とコミュニティソーシャルワーカーの今 ……… 1

第1節　社協コミュニティソーシャルワーカーに寄せられる期待 ……… 1

第2節　地域福祉の推進における「道しるべ」 ……… 6

第3節　ソーシャルワーク実践理論の定義 ……… 13

第4節　コミュニティソーシャルワーカーの曖昧さをめぐる課題 …… 15

第5節　個別支援と地域支援の「統合」をめぐる議論 ……………… 22

第6節　「統合」による社会的孤立支援の展開可能性 ……………… 23

第7節　体制としてのコミュニティソーシャルワークの展開 ………… 30

第1章　「制度の狭間」にある課題を捉える ………… 35

第1節　地域との協働に向けたソーシャルワーク理論モデル／アプローチ
の必要性 ……………… 35

第2節　関係性をめぐる議論 ……………… 37

第3節　「二次障害」概念から捉える「制度の狭間」 ……………… 43

第4節　社会的孤立事例からの実践的検討 ……………… 44

第5節　「社会的孤立・排除の生活史モデル」と「二次障害の相互作用
モデル」……………… 48

第2章　重層的な伴走型支援を展開する ……………… 63

第1節　地域で子どもとつながり続けるための縦・横の連携 ………… 64

第2節　伴走型支援に向けた体制の整備 ……………… 67

第3節　支援の狭間と「のりしろ」 ……………… 69

第4節　中学校との協働実践 ……………… 71

目　次

第5節　曖昧な支援の狭間を「のりしろ」で塗り潰す ……………………… 80

第3章　個別支援と地域支援を統合する ………………… 87

第1節　障害者の権利に関する条約に対する本書の立ち位置 ………… 88

第2節　実践的検討から探る「統合」の可能性 ……………………… 92

第3節　「関係性の中で生じる問題」へのアプローチの展開 ………… 100

第4章　参加支援を推進する ……………………………… 103

第1節　包括的支援体制の構築 …………………………………… 103

第2節　参加支援がカギを握る ……………………………… 104

第3節　「体制」としての個別支援と地域支援の統合 ……………… 107

第4節　実践的検討から探る参加支援推進の方法論 ……………… 110

第5節　参加支援推進による重層的「統合」 ……………………… 118

第5章　対象者の「内的世界」をつかむ ……………… 125

第1節　本人の視点に立った「関係性」への支援 ……………… 126

第2節　統合による社会的孤立支援の有用性 …………………… 128

第3節　「被害感」への着目 …………………………………… 128

第4節　ストレングス・モデルとの相互補完 …………………… 130

第5節　クライン派対象関係論とは何か ………………………… 131

第6節　クライン派対象関係論からの事例解釈 ………………… 140

第7節　包みこむ支援の循環 …………………………………… 144

ix

終　章　コミュニティソーシャルワーク実践の
　　　　さらなる深化のための理論素描……………………151

　第1節　スプリッティング・モデルとコンテイニング・アプローチ……151

　第2節　ジェネラリスト・ソーシャルワーク概念の深化と拡大………159

　第3節　「のりしろ」で包みこむ地域社会を目指して………………163

　第4節　本書に残された課題………………………………………166

引用・参考文献

おわりに

さくいん

―― コラム ――

① 体制としてのアウトリーチ　4

② 集団的責任　9

③ サンタが街にやってくる　28

④ 現象化している課題と背景のニーズの違い　38

⑤ 多数派（マジョリティ）と少数派（マイノリティ）をめぐって　56

⑥ 子どもサロン「もりもり元気食堂」実践　95

⑦ 当事者とともに行うふくし共育実践　117

⑧ 妄想分裂ポジション概念からのあおり運転の考察　その1　137

⑨ 妄想分裂ポジション概念からのあおり運転の考察　その2　146

⑩ 内的世界と地域福祉の推進　162

| 序　章 | 「社会的孤立」とコミュニティソーシャルワーカーの今 |

第1節　社協コミュニティソーシャルワーカーに寄せられる期待

　2000年代に入り，大阪府，横浜市，千葉県などでコミュニティソーシャルワーカー（以下，CSW）の導入が進んできた（佐藤 2005）。特に大阪府では，2003年の大阪府地域福祉支援計画等によりその積極的な導入が進められた（新崎 2009；室田 2012, 2014）。近年では全国的にその導入が見られるようになり，2012年に実施された野村総合研究所による全国調査では調査対象機関・団体のおおよそ6割でCSW[1]が配置されていることが明らかになっている（野村総合研究所編 2013）。

　このようなCSW導入の背景には，CSWやコミュニティソーシャルワーク実践に対する次のような期待があったとされる。すなわち制度の狭間にある課題を解決・緩和するソーシャルワーク実践としての期待（熊田 2015），社会福祉制度に基づく公的機関の支援の構造的な限界[2]に対応するための包括的な支援体制の整備における人材やシステムとしての期待（菱沼 2020），包括的・総合的・継続的な視点で解決を図る方法の構築とそれが実現可能となるシステムや組織の整備のためのアプローチの一つとしての期待（田中ら 2015）等を背景に，CSWが注目されてきた。

　これらに加えて，これまで多様な領域の問題，課題を解決する主体としてCSWに期待が寄せられてきたことを確認できる。個人と地域の生活問題・福祉問題を解決するCSWの役割（野口 2008）として，知的障害者の地域生活支援（高橋 2006），障害者家族（中根 2006），精神障害者（田中 2001），障害福祉（野田・後藤 2013），児童（新崎 2009），貧困・社会的排除（室田 2012），孤立死

I

（田中ら 2015）など，ほぼあらゆる福祉的課題の解決への期待が寄せられている状況である。またネットワーク構築の実態（川島 2011）やイギリスのパッチシステムとの関連（菱沼 2004），コミュニティソーシャルワークを展開するシステム構築のための圏域設定に関する研究（菱沼 2012），実践的なツールとしてのコミュニティソーシャルワーク機能に関する研究（工藤 2010）など，様々な視点からの整理も試みられてきた。

　このような CSW への期待に加えて，制度の狭間の課題を抱えた人や「社会的つながりが弱い人」など，社会的孤立状態にある人々への支援に向けて，ソーシャルワーク機能への期待が高まっていることも確認できる。2018年4月改正の社会福祉法では，地域福祉の推進における射程として，新たに社会的孤立が位置付けられた（第4条第2項）。そして2021年4月改正の社会福祉法では，包括的な支援体制の構築に向けた重層的支援体制整備事業が創設された（第106条の4ほか）。ここでは，①相談支援（市町村による断らない相談支援体制），②参加支援（社会とのつながりや参加の支援），③地域づくりに向けた支援を一体的に展開することが求められており，コミュニティソーシャルワークを実質的に機能させる制度的な環境整備ともいわれている（牧里 2023）。加えて本事業の実施においては，社会福祉士や精神保健福祉士の積極的な活用も求められている（参議院厚生労働委員会編 2020）。本書は，地域共生社会の実現に向けた CSW の役割やソーシャルワーク機能への期待の高まり，またそのための専門人材養成，専門性強化の必要性，そしてソーシャルワークが十分に機能していないという指摘[3]などを背景として，地域共生社会の実現に向けた CSW の支援展開可能性を探り，社会的孤立事例への支援を可能とするコミュニティソーシャルワーク実践理論を新たに提唱することを目的としている。

　本章の構成は次のとおりである。社会的孤立を取り巻く状況やコミュニティソーシャルワーク概念をめぐる議論を確認した上で（序章），コミュニティソーシャルワーク実践の支援の焦点，枠組みについて考察しつつ（第1章，第3章），重層的支援体制整備事業を活用した体制としての展開可能性を探る（第2章，第4章）。次に，精神分析学の一つであるクライン派対象関係論を援用した

序　章　「社会的孤立」とコミュニティソーシャルワーカーの今

コミュニティソーシャルワーク理論モデル／アプローチについて検討していく（第5章）。これらの考察を基盤として，既存の理論・方法論では対応が難しい──すなわち体制整備だけでは手が届かないような，また従前のソーシャルワーク実践理論では取り残されてしまう可能性の高い──社会的孤立事例に対するコミュニティソーシャルワーク実践理論として**スプリッティング・モデル**，および**コンテイニング・アプローチ**を提唱し，地域福祉の推進における指針の一つともなる地域社会のあり方を描きたい（終章）。

　また本書は，それぞれの章内で理論的検討を行い，理論枠組みの有効性について実践を通して確認するということを繰り返し，実践知の積み重ねによるコミュニティソーシャルワーク実践理論の提唱を企図した構成となっている。すなわちコミュニティソーシャルワーク実践における支援の焦点，枠組み，そして実践理論についてそれぞれ理論的検討，実践的検討を行い，その都度新しい知見を獲得し，それが次の課題を生み出しまた新しい知見を生むという循環を重ねながら，CSW実践と研究の円環的な底上げによる実践理論の総体として提唱するものである。

　なお，CSWについては，基本的に市町村社会福祉協議会（以下，市町村社協）に配置されたCSWに限定してそのあり方を論じていきたいと思う。この理由は以下に述べるとおりである。現在の日本におけるニーズとその対応，およびCSWの配置について，田中（2019a）は次のように述べている。ひきこもり，8050問題[(4)]，ゴミ屋敷など制度の狭間にあるニーズや非定形型ニーズが増大しており，従来型の個別法と対象属性別の対応ではあまりに不十分であり，ときには不適切でもある。すなわち属性別の個別福祉法に対応する既存の相談体制の仕組みでは，適切に対応できる相談機関は皆無である。このような中，地域の福祉基盤を整備する活動（コミュニティワーク）を唯一担ってきた機関であり，縦割りの制度に縛られることなく地域資源とも結び付き，制度の狭間にも対応しやすい機関として，全世代に対応するCSWが市町村社協を中心に配置されるようになったのはある意味必然であった。

　加えて，重層的支援体制整備事業とCSWの配置について室田（2020）は，

コミュニティソーシャルワーク実践は「縦割り制度の枠組みに縛られず，相談内容に応じて柔軟に対応することが求められるもので，高度な専門性が求められると同時に裁量が与えられる業務である」とした上で，次のとおりその政策的意義を評価している。諸外国の政策を眺めてみても，全国各地に地域を基盤として活動するソーシャルワーカーを配置している政策は他に類を見ない。重層的支援体制整備事業によってCSWのようなコーディネーターの配置が推進されることは，現代社会が抱えている社会的排除などの諸問題に対する日本独自の対応策として国際的にも注目に値する政策であるといえる。

　これらの議論から本書では，「体制整備」の重要性を鑑み（コラム①「体制としてのアウトリーチ」），また今後のCSW配置の平準化を考える上でも市町村社協を基本としてCSWを配置していくことが重要であると考え，基本的に市町村社協に配置されたCSWに限定してそのあり方を論じていくこととする。[5]

コラム①　体制としてのアウトリーチ

　重層的支援体制整備事業における「アウトリーチ等を通じた継続的支援事業」を例に出すまでもなく，コミュニティソーシャルワーク実践においてはアウトリーチが重要視されている。[6] これは，「断らない相談」の議論とも関連する。「断らない相談」とは，SOSを出し，相談窓口に相談してくれた人々に対するソーシャルワーカーや行政窓口の姿勢・対応に言及するものである。「全ての問題を（その相談窓口だけで）解決する」のではなく，話を丁寧に聴き，同じ目線に立って考え，共に悩み，他の専門職や地域住民等とも連携・協働して支援を行っていくためにも，まずは相談を「受け止める」ことが大切である。「断らない相談」の充実によって早期のニーズキャッチが可能となるわけであるが，ここで確認したいこととして「自分からSOSを出せない人々」や，「相談窓口で待っているだけでは拾えないニーズを抱えている人々」がいる——換言すれば「待っているだけではつながれない人がいる」——という点である。

　筆者もニーズキャッチ，つまりニーズの早期発見のために，CSWとしてアウトリーチ実践を大切にしてきた。例えば長久手市社協では，対象とする地域福祉圏域が小学校区ということもあり，一軒一軒インターフォンを鳴らして「何かお困りごとはないですか？」「いつでも何でも，まずはご相談ください」と訪問したり，学生と協働してCSWのチラシをポスティングしながら地域をまわったりしたこともあった。またCSWのチラシをラミネートし，回覧板（回覧袋）に「常時」入れていただき周知

序　章　「社会的孤立」とコミュニティソーシャルワーカーの今

図序-1　CSWの回覧用チラシ（当時）

を図ったこともあった（図序-1）。

　このような広報物は，普段は「スルー」される形で構わないと筆者は考えている。しかし，何かの困りごとを抱え「誰かに相談したい」「でも誰に相談したらいいだろう」と悩んだ時に，「そういえば」と思い出してもらうことが重要ではないだろうか。

　加えて，本コラムのタイトルにもあるアウトリーチの「体制」を，市町村単位で整備することも重要であろう。これは，"何らかの形で表明された「SOS」を行政職員も専門職も地域住民も見逃さない"ということと同義である。筆者の，決して長いとはいえない現場実践の中でも，「実は，数年前に行政には相談したんですが……」など，何らかの形で相談がなされてきたものの，適切な支援の提供には至らなかった事例を残念ながら多々見聞きしてきた。

　例えば第1章第4節（2）で取り上げる事例のように，家族から「家族関係について」という形で相談を受けることもあるだろう。また制度の狭間の課題が「近隣への配慮・トラブルとして現象化しやすい」（熊田 2015）特徴を持つことから，地域住民から相談があることも多いだろう。ここで，普段筆者が講義などで使用している架空事例（倫理的配慮の観点から，実際の事例を複数組み合わせて創作した事例）を紹介したい。

＊

　地域住民のAさんから行政職員B氏へ「世間話の中で，次のような話を聞いた」「おせっかいかもしれないが……」と対応について相談があった。そしてその相談内容について，行政職員B氏からCSWへも「情報共有」として話があった。その相談

5

内容を要約すると，以下のとおりである。

> **Aさんから B 氏への相談の概要**
>
> 　知人 C さん（40代男性）との世間話の中で，「うちも大変といえば大変なんだよね」と話を聞いた。70代の祖父，40代の C さん夫婦，20代の息子の 4 人暮らし。祖父の介護をひきこもり状態にある息子が担っているが，「1 か月半ほど前に，祖父にステージⅣの癌が見つかった」。C さん夫婦は共働き。祖父は介護保険サービスも利用していない様子である。
>
> 　このような A さんからの相談に対して，行政職員 B 氏は A さんに，介護保険サービスの申請ができるということを C さんへ伝えてもらうよう依頼し，CSW へ「そのうち介護保険サービスの申請に来ると思うので，"待ち"でいいですよね？」と話した。

　さて，読者の皆様なら，このような事例に対する行政職員からの「情報共有」に対して，どのようにアセスメントし，誰に，どのようにアプローチするだろうか。またそもそも"待ち"でいいのだろうか。

　アウトリーチ「体制」の整備に向けて，考えてみてほしい。

第 2 節　地域福祉の推進における「道しるべ」

　本格的な議論に入る前に，ここで，ソーシャルワーカーとしての根本的な立ち位置であり，大前提となる点について示しておきたい。具体的にはソーシャルワーク専門職のグローバル定義，児童の権利に関する条約，および持続可能な開発目標（SDGs）など，国際的な合意事項と本書との関係についてである。国際的合意事項の代表的なものである条約は，国内法よりも優先される考えであり，ソーシャルワーカーとして持つべき価値，あるいは持ち得る情熱や使命感に通底する理念ともいえる。言い方を変えれば，真夜中に航海する時の「北極星」のような指針であり，支援者自身が支援に行き詰まったり進むべき方向性を見失ったりした際に参照できるのが国際的合意事項であるともいえる（そして本書は，その北極星を見出す際に役立つ「北斗七星」のような位置付けとなることを目指している）。本節では，国際的合意事項に対する本書の立ち位置について

触れ，どのような考え方を基盤として「社会的孤立へのコミュニティソーシャルワーク実践」を展開するのか，なぜクライン派対象関係論を援用しているのか等について述べていきたい。なお，障害者の権利に関する条約に対する本書の立ち位置については，第3章第1節で改めて取り上げていく。

（1）ソーシャルワーク専門職のグローバル定義

2014年に採択されたソーシャルワーク専門職のグローバル定義（以下，グローバル定義）では，ソーシャルワークを次のように定義している（以下，引用にあたって改行を省略している場合がある）。

> ソーシャルワークは，社会変革と社会開発，社会的結束，および人々のエンパワメントと解放を促進する，実践に基づいた専門職であり学問である。社会正義，人権，集団的責任，および多様性尊重の諸原理は，ソーシャルワークの中核をなす。ソーシャルワークの理論，社会科学，人文学，および地域・民族固有の知を基盤として，ソーシャルワークは，生活課題に取り組みウェルビーイングを高めるよう，人々やさまざまな構造に働きかける。この定義は，各国および世界の各地域で展開してもよい。

ここでは，まずソーシャルワーク専門職の中核となる任務として，個人への働きかけ（＝エンパワメントと解放の促進）と地域・社会への働きかけ（＝社会変革と社会開発，社会的結束の促進）という2つのベクトルが志向されていることが確認できる。この点について，グローバル定義内では次のような文言が確認できる（グローバル定義「中核となる任務」）。

> 構造的障壁は，不平等・差別・搾取・抑圧の永続につながる。人種・階級・言語・宗教・ジェンダー・障害・文化・性的指向などに基づく抑圧や，特権の構造的原因の探求を通して批判的意識を養うこと，そして構造的・個人的障壁の問題に取り組む行動戦略を立てることは，人々のエンパワメ

ントと解放をめざす実践の中核をなす。不利な立場にある人々と連帯しつつ，この専門職は，貧困を軽減し，脆弱で抑圧された人々を解放し，社会的包摂と社会的結束を促進すべく努力する。

　やや先取りしてここで終章の内容を記述するが，本書において提唱する実践理論（スプリッティング・モデル，およびコンテイニング・アプローチ）は，このような構造的・個人的障壁の問題として二次障害概念に着目し，クライン派対象関係論を援用して本人の被害感の軽減に努め（すなわち大多数の社会意識を含む構造的障壁により抑圧された人々の心的ダメージからの解放を図り），当事者と「ともに」（不利な立場にある人々と連帯し），地域社会がコンテイナー（第5章以降で詳述）となる（社会的包摂と社会的結束を促進する）ことを志向するソーシャルワーク理論モデル／アプローチとして提唱していく。

　加えて，グローバル定義の「知」において，学問分野との関係について次のような立場を確認できる。

　　ソーシャルワークは，複数の学問分野をまたぎ，その境界を超えていくものであり，広範な科学的諸理論および研究を利用する。（中略）ソーシャルワークは，常に発展し続ける自らの理論的基盤および研究はもちろん，コミュニティ開発・（中略）精神医学・心理学・保健学・社会学など，他の人間諸科学の理論をも利用する。ソーシャルワークの研究と理論の独自性は，その応用性と解放志向性にある。多くのソーシャルワーク研究と理論は，サービス利用者との双方向性のある対話的過程を通して共同で作り上げられてきたものであり，それゆえに特定の実践環境に特徴づけられる。

　このように，2001年に採択された旧定義と比べて「人と環境の接点への介入」というエコロジカル・アプローチを志向する表現が消えており，精神医学や心理学など様々な学問領域における「知」を基盤とすることが示されている。このことから本書では，精神分析学の一つであるクライン派対象関係論を援用

している（その理由については本節（2）で詳述）。

なお，グローバル定義では「ソーシャルワークの中核」として集団的責任や多様性尊重についても新たに書き加えられている。この背景には，アジアの諸国家による提案があったとされる。集団的責任に関する筆者自身の立場はコラム②「集団的責任」で触れることとし，次に多様性の尊重についてみていきたい。

地域共生社会の実現においても多様性の尊重が強調されるように，国内・外において掲げられているテーマの一つである。多様性の尊重についての筆者の立場は，次のとおりである。すなわち，多様性の尊重が重要であることを前提としつつ，その背景には見えない強弱関係があると考える。つまり，多様性が尊重されない背景として「無自覚的な社会的障壁」があるのではないか，ということである。

本書第1章では「社会的孤立・排除の生活史モデル」を提唱し，その中心に「生きづらさ」を置いている。しかしこれは，後で述べるように個人モデルの発想ではない。多様性が尊重されず，発達障害やマイノリティに関する諸問題など「無自覚的に差別・抑圧・排除」されることにより二次障害が生じており，二次障害の結果として「生きづらさ」となっていると考える。第3章で確認するように，ここには社会モデルの考え方が通底している。そしてこの多数派（マジョリティ）の無自覚的な（社会）意識によって構成された（大多数には）「見えない」あるいは「見えづらい」社会的障壁があり，その社会的障壁によって多様性の尊重が阻害されていることに個々人が気付き，その除去に少数派の当事者と「ともに」努めることで，はじめて多様性が尊重され得ると考える。

コラム②　集団的責任

集団的責任を少しでも果たすため，筆者は，いわゆる先進国とされる日本におけるソーシャルワーカーとして，2019年2月から2024年12月現在までに計5回，タイ・チェンマイの中山間地域（写真序 - 1）へ出向き，現地のリス族の人々や，その子ども

写真序 - 1　山頂から見た村内の様子　　写真序 - 2　不登校の子ども宅への教員との家庭訪問

らが通う小・中学校の教員らと交流を深めてきた。

　ここでは，村内の状況（家族やコミュニティのつながりの強さ，医療体制の脆弱性など）や学校としての困りごと（予算が潤沢ではないこと，電気，飲み水に関する課題など），そして世帯の経済的な状況や村の地理的条件（村から都心部まで120km，最寄りの病院まで30km離れている）から「将来の夢を描きづらい」ため，子ども全般の学習意欲の低下につながっていることが確認できた。具体的には，「そもそも畑仕事以外の仕事をほとんど見たことがない（都市部まで行ったことがない）子どももおり，"どうせ勉強しても自分は親の畑仕事の手伝いをするだけだから"と勉強の意欲が湧かない子どもが一定数存在する」という。加えて，現地の教員との家庭訪問（写真序 - 2）を通して，学校に来られない原因として世帯の貧困問題やヤングケアラーなどの要因があることなど，実態が少しずつ明らかとなってきている。ここでは，教員間の行動の差も確認された一方で，世帯への福祉的な介入による子ども支援の展開可能性も見出された（加藤 2024a）。

　そして，これをコミュニティソーシャルワーク（あるいはコミュニティ・ディベロップメント，コミュニティ・オーガナイジング）(7)の手法で何とかできないか，検討を進めている。具体的には，①地域住民（リス族等の村民）や教員（学校）との協働による子ども，およびその世帯への支援（子ども全般や，とりわけ困難を抱える子どもとその世帯への支援）と，②個別支援を通した村・学校の福祉力強化，および福祉教育（以下，ふくし共育）(8)を通した学校支援という2本の柱で関わりを深めていきたいと考えている。その上でこれら①と②を「統合」し，タイ・チェンマイの中山間地域におけるコミュニティソーシャルワークの展開可能性を探り，また日本との比較検討を行い，コミュニティソーシャルワーク実践における学術的・実践的な知見を獲得したいと思っている。

序　章　「社会的孤立」とコミュニティソーシャルワーカーの今

　現在は，とりわけ②のふくし共育の準備を進めるために，加藤ゼミ内でも同テーマを複数回取り上げ，教材作成の準備を進めている。またソーシャルワーク演習・実習などの講義内では上記グローバル定義を取り上げ，学生にも「見えない構造的障壁」の一つとして先進国‐途上国の諸問題があることを伝え，ソーシャルワーカーとして「無自覚」でいてはいけないのではないかと投げかけている。これにより，話を聞いた学生のうち数名は「自分も一緒にチェンマイに行きたい」「何か自分にできることはないか」と言って，実際に複数の学生が同行してくれている。

　4回目の訪問（2024年3月）に同行した学生は，帰国後「人から人へとどんどんネットワークがつながっていく様子を初めて見て，本当に感激した」「タイ語や英語が伝わらないこともあるが，想いがあれば相手に伝えられるんだと感じた」「先生のようなソーシャルワーカーになりたい」と，進路変更をし，卒業年度は遅れるが「ソーシャルワークを一から勉強し，社会福祉士を目指す」と言う。ぜひ，応援したい。

（2）児童の権利に関する条約および持続可能な開発目標

　次に児童の権利に関する条約（以下，子どもの権利条約）との関係について述べる。子どもの権利条約の前文には，以下の記述が確認できる。

　　この条約の締約国は，国際連合憲章において宣言された原則によれば，人類社会のすべての構成員の固有の尊厳及び平等のかつ奪い得ない権利を認めることが世界における自由，正義及び平和の基礎を成すものであることを考慮し，（中略）国際連合が，世界人権宣言において，児童は特別な保護及び援助についての権利を享有することができることを宣言したことを想起し，家族が，社会の基礎的な集団として，並びに家族のすべての構成員，特に，児童の成長及び福祉のための自然な環境として，社会においてその責任を十分に引き受けることができるよう必要な保護及び援助を与えられるべきであることを確信し，児童が，その人格の完全なかつ調和のとれた発達のため，家庭環境の下で幸福，愛情及び理解のある雰囲気の中で成長すべきであることを認め，児童が，社会において個人として生活するため十分な準備が整えられるべきであり，（中略）極めて困難な条件の下で生活している児童が世界のすべての国に存在すること，また，このよう

な児童が特別の配慮を必要としていることを認め，児童の保護及び調和の
とれた発達のために各人民の伝統及び文化的価値が有する重要性を十分に
考慮し，あらゆる国特に開発途上国における児童の生活条件を改善するた
めに国際協力が重要であることを認めて，次のとおり協定した。

　このように極めて困難な条件の下で生活している子どもを含め（そして国際
協力の重要性を基盤としつつ），本条約では，子どもは「保護の対象者」であり，
また「権利の主体者」であることが示されている。そしてその権利の一つとし
て「意見表明権」が保障されている（第12条）。
　本書で取り上げる対象関係論の基礎を築いた M. クラインは，子ども，とり
わけ赤ん坊の「不安の変遷」を描いた。この際，不安の破壊体験（やくつろぎ
の愛情体験）のその個人での程度や割合は，おおよそ①生来の体質，②環境
——世話をする母親等の対応の仕方（コンテイナー機能（第5章で詳述））やその
世話をする母親を包んでいる環境——の2つの要因に規定される（松木 1996）
とされている。
　このようにクライン派対象関係論では，（特に W. ビオンにおいて）現実世界に
おける母親等の環境が子ども（のこころの世界＝内的世界）に与える影響を重要
視しており，子どもの「意思表明」の権利を保障する本条約とも親和性が高い
理論だと考え援用している。また本人がニーズを安心して表明でき，それに対
して周りの環境が安心して応えることの重要性から，内的世界・外的世界（＝
現実世界）双方における支援体制を整えていくことが重要であると考えている。
なお，子ども支援における環境要因の整備に関するいち実践例として，重層的
支援体制整備事業を活用した事例については本書の第2章で詳述しているので
参照してほしい。
　加えて，これまでみてきたグローバル定義や子どもの権利条約における議論
の根底には，持続可能な開発目標（SDGs）の考え方が通底している。グローバ
ル定義において「社会開発」が重要視されていることと同様，本書も，持続可
能な開発目標（SDGs）の理念である「誰一人取り残さない（leave no one be-

序　章　「社会的孤立」とコミュニティソーシャルワーカーの今

hind)」地域社会を目指していることを，ここに確認したい。

第3節　ソーシャルワーク実践理論の定義

　本書ではCSWによる支援展開について，主にソーシャルワーク理論モデル，ソーシャルワーク理論アプローチという2つの視点から，その具体的方法論や実践理論について考えていきたい。このため，まずこれらについての先行研究を確認し，本書における定義を明確にしたい。

（1）モデル・アプローチの総称としてのソーシャルワーク実践理論

　中村（2020）はソーシャルワーク実践理論について，ソーシャルワーク論，ソーシャルワーク方法論との峻別理解，すなわちそれぞれを区別して理解することを強調し，次のように整理している。ソーシャルワーク論は，ソーシャルワーク（ジェネラリスト・ソーシャルワーク）とは何かへの理解，ソーシャルワーク方法論は，ソーシャルワークを展開する基礎的な方法と技術への理解である。ソーシャルワーク実践理論は，基本的なソーシャルワーク実践を展開する際に必要となる方法や技術をふまえつつ，個別，具体，特殊な対象に対し種々の課題を解決に導く際に必要となる方法や技術の集成を意味するものである。そしてソーシャルワーク実践理論の構成要素として，ソーシャルワークにおける「実践モデル」と「アプローチ」を挙げる。

　加えて，ソーシャルワーク過程において，まずはクライエントの生活実態に肉薄し，でき得る限りリアルに理解・把握することが必要であり，それがその後の生活支援展開の起点になると述べる。しかし，生活そのものが個々別々，複雑多様な動態であり，また社会環境，社会の動きや流れに影響を受けつつ変化・変容していることから，生活理解は容易なことではないとする。そして「解決を必要とする課題の複雑多様化は，ソーシャルワーク実践理論の多様化を推し進めることにつながる」として，多くの「道具立て」を必要とすることを強調する。この道具立てとは，課題認識の範型，すなわち基準となる一定の

13

型としての実践モデルと，課題解決の方法としてのアプローチである[9]。順にみていこう。

（2）課題認識の範型としての「モデル」と課題解決の方法としての「アプローチ」

　モデルはカメラ等のファインダー装置に例えられ，実践モデルの活用による見え方，捉え方，焦点のあて方によって次なる展開を考え，支援を前進させることができるようになるとされる（中村 2017）。モデルは，「どの（理論的）説明が最も有効かを判断するという発見的な意義がある」（見田ら編 2004）。しかしその危険性に関しては，「完全理論が少なく，理論の素描がほとんどの社会科学の領域では，（中略）社会的現実の過度な単純化や体系的でない論理的定式化をもたらす」ことがあるとされる（見田ら編 2004）。

　このことについて柳澤（2014）は，「ある利用者モデルにしたがって，生きた人間の『社会的現実の過度な単純化』が実施されてしまえば，それは生きた人間の理解というよりも，誤解や曲解，場合によっては先入観や偏見の形成につながってしまう。一定の型，雛形，模範，手本としてのモデルを構築し，それを活用することの意味は，それらを参考・参照して，生きた利用者の理解に近づくことが可能である，といった程度のものである。現実の利用者を，モデルに依存しすぎて過度にそれらに当てはめ，適用しすぎることは，まさに『社会的現実の過度な単純化』を犯してしまうことを意味する」と警鐘を鳴らす。加えて，治療・医学モデルについて，社会福祉やソーシャルワークの分野においてはほとんどが批判的文脈の中で語られていることに対して，「それぞれの特徴のメリットもよく考慮した上で，限界点を示し，必要があればその都度の援助活動の中で有効なモデルを模索したり，新たなモデルを構築していく」ことが必要であると述べる。

　本書では「社会的現実の過度な単純化」（見田ら編 2004）に注意しつつ，治療・医学モデルを含め，対象者の視点，認識，そして生活実態に肉薄し，社会的孤立を捉えるための「有効なモデル」を模索していきたい。その際に，これ

序　章　「社会的孤立」とコミュニティソーシャルワーカーの今

表序‐1　本書におけるソーシャルワーク理論モデル／アプローチ，
　　　　およびソーシャルワーク実践理論の整理（筆者作成）

ソーシャルワーク実践理論	ソーシャルワーク理論モデル　　　（課題認識の範型）
	ソーシャルワーク理論アプローチ（課題解決の方法）

らのモデルが「必ずしも具体的な支援方法が用意されているものではない」ことから，アプローチが必要とされる（中村 2017）。次に，このソーシャルワーク理論アプローチについてみていきたい。

　アプローチは，クライエントが抱える生活課題に接近し，その解決というゴールに到達するための方法であり，課題やその状況を特定の理論上の視点から捉え，査定し，あらかじめ用意された方法や技術を一連の過程の中で駆使する「課題解決の方法」である（中村 2017）。また神野（2014）は，アプローチとは「対象へ接近すること，またその接近の方法」であるとし，方法としてのアプローチを学ぶ際には，その根底に広がる方法論にも目を向けることが大切であると述べる。

　これらの整理をもとに本書では，ソーシャルワーク理論モデルを課題認識の範型，ソーシャルワーク理論アプローチを課題解決の方法として，ソーシャルワーク理論モデルとソーシャルワーク理論アプローチを峻別し使用する。またこれら 2 つを総称してソーシャルワーク実践理論とする（表序‐1）。

第4節　コミュニティソーシャルワーカーの曖昧さをめぐる課題

　本章第 1 節でみたような期待の高まりは，CSW の守備範囲の広さを示すものではあるが，同時に，これまでの社会福祉制度では対応できなかった課題を全て CSW に負わせてしまう問題とも考えられる。そしてこれはコミュニティワーク概念，CSW 概念の持つ曖昧さと関連する問題でもある。そもそもコミュニティソーシャルワークに関して統一された定義はなく，すでにある実践を理論化していくべき（田中 2008）とされてきたように，その概念の曖昧さという問題があることは否定できない。例えばコミュニティワークとコミュニティ

ソーシャルワークをほぼ同義で用いている（中根 2006）ものもあれば，両者を区別する議論もある（井上 2004）ように，明確な定義がされずに議論されてきたことも目につく。その意味では，これまでコミュニティソーシャルワークについて語られてきた議論をふまえつつ，その概念的規定を明確にし，コミュニティソーシャルワークが機能するあり方，そしてその中でそれぞれが「いちソーシャルワーカー」として取り組む「CSW 実践」の支援の可能性を検討していくことが必要と考えられる。このため本節では，まずコミュニティソーシャルワークや CSW をめぐる定義や機能についてみていきたい。

（1）コミュニティソーシャルワークの定義と機能

コミュニティソーシャルワーク概念については，その主導的立場にある大橋謙策が独自の定義化を重ねてきたとされ（菱沼 2020），それがコミュニティソーシャルワークの代表的な定義とされてきた（田中 2008；宮城 2010）。

大橋はこれまで2003年，2005年，2006年とコミュニティソーシャルワークを発展的に定義し直し（田中 2015），コミュニティソーシャルワークに求められる10の機能をまとめている（大橋 2005）。こうした大橋が提起する10の機能について森（2011）は次のように述べ，その意義を評価している。大橋は CSW の「対象を地域の生活問題等に無限定に広げることなく，地域自立生活支援により明確な形で焦点をあて，個別具体的な問題発見・問題解決機能を重視する立場を取っている。すなわち，従来のコミュニティワークにおける個別支援の脆弱性を指摘しながら，基本的な機能はジェネラリスト・ソーシャルワークに依拠しつつ幅広い個別ニーズへの対応を多様な専門職種との連携・協働を視野にいれて，従来のコミュニティワークの地域組織化による福祉コミュニティ形成も含めたハイブリッドな機能モデルを構想している」。もっとも，メゾ・マクロプラクティスの側面からサービス開発やソーシャルサポートネットワーク形成などについては十分に触れているわけではなく，コミュニティソーシャルワーク全体の推進モデルとしての動態的な側面については情報が不足しているとして，各構成要素間における機能的作用およびコミュニティソーシャルワー

ク推進の動態的なプロセスを理論化する点は課題となっていると述べる。

このように大橋の10の機能の具体的な展開プロセスについては体系化されていないという問題が残っているといえる。この点に関連して原田（2016）も，コミュニティソーシャルワークは大橋の概念が代表的ではあるが，定説にはなっておらず，現段階では他の援助方法とは異なる固有性の概念としてまとめられている状況であると述べている。

また日本におけるコミュニティソーシャルワークの理論化と実践化においては，この大橋謙策と，ジェネラリスト・ソーシャルワークの視点から論じている岩間伸之の見解が代表的であるとされる（川向・中谷 2016）。

岩間（2011）は，コミュニティソーシャルワークと同義とされる「地域を基盤としたソーシャルワーク」について，「ジェネラリスト・ソーシャルワークを基礎理論とし，地域で展開する総合相談を実践概念とする，個を地域で支える援助と個を支える地域をつくる援助を一体的に推進することを基調とした実践理論の体系である」と，地域における個別支援と，個別支援に必要なソーシャルサポートネットワークの組織化を一体的に推進するという定義付けを行っている。また地域を基盤としたソーシャルワークの8つの機能として，①広範なニーズへの対応，②本人の解決能力の向上，③連携と協働，④個と地域の一体的支援，⑤予防的支援，⑥支援困難事例への対応，⑦権利擁護活動，⑧ソーシャルアクションに整理し，その基礎理論はジェネラリスト・ソーシャルワークであるとしている。

岩間（2011）は地域を基盤としたソーシャルワークについて，「理論上では従来から明確にされ，また重視されながらも，実践上では十分に遂行されてこなかったソーシャルワークの本質的な実践に再度光をあてたもの」との理解が妥当であるとしている。このことについて川向・中谷（2016）は次のように述べる。実践上で十分に遂行されてこなかったことへの懸念は，今日的なソーシャルワーク環境においても同様である。そして「コミュニティソーシャルワークを展開するシステムの有無」や，「システムとしてのコミュニティソーシャルワークの理解」の重要性を挙げる。これは，後で触れる重層的支援体制整備

事業の議論とも関連する。

　以上でみてきたように，コミュニティソーシャルワーク，およびCSWについては，大橋，岩間等によって一定の定義，機能が提示されている。しかしその一方で，福祉専門職による支援の内容を網羅するような非常に広範な役割が期待されており，いちソーシャルワーカーとしてのCSWにおける核となる役割が不明確であり，「何をする専門職なのか」が極めて曖昧である点が指摘されている（松端 2018）。加えて，システムとしてのコミュニティソーシャルワークの重要性も述べられている（川向・中谷 2016）。システムとしてのコミュニティソーシャルワークについては本章第7節で検討することとし，次にCSWの役割における「曖昧さ」の背景について，日本における実際のCSWの配置の広がりから考えていきたい。

（2）コミュニティソーシャルワーカーの広がりの契機と個別支援機能

　CSWの「曖昧さ」をめぐる課題について考えるために，ここではCSWの全国への広がりの契機についてみていきたい。菱沼（2020）は，CSWの広がりについては3つの契機があったと指摘する。そして近年，CSWの配置は広がりつつあり追い風が吹いているようにも見えるが，地域によって，個別支援と地域支援双方の役割が期待されているところもあれば，個別支援か地域支援のいずれかの役割だけが期待されているところもあり，かなり異なる状況があると述べる。2017年3月に菱沼（2018）が3都県の市区町村自治体を対象に行った調査では，回答があった85自治体のうち「地域福祉のコーディネーター」を配置しているのは34カ所（40.0％）であった。このうち，主な業務として個別支援と地域支援の両方を位置付けているのは44.4％，地域住民の活動を支援する地域支援が主となっているのは47.2％，制度の狭間の問題などへの個別支援が主となっているのはわずか3％であり，約半数の地域で個別支援は業務として位置付けられていないことが確認できる。まちづくり（内山 2020）や世代間交流（黒澤 2013）を含めた広範な役割が期待されるなど，地域間でCSWの役割にばらつきがあり，とりわけ「生活支援コーディネーターとの兼務により

地域支援の比重が大きくなっている場合もある」が，CSW による「個別支援の機能がないがしろにされてはならない」と，個別支援の重要性が強調されている（菱沼 2020）。

（3）コミュニティソーシャルワーク方法論・実践理論の未確立

　CSW の配置の経緯から，地域支援の比重が大きくなる場合もあるなど地域間での役割のばらつきがあるが，CSW に求められる役割としての個別支援機能の重要性は大きい。このことに関連して川向・中谷（2016）は，コミュニティソーシャルワークが「いかなる活動なのか」が曖昧なままそれを名称化した事業が全国に広がっていることを指摘し，次のように述べる。関連機関・関連職種から寄せられる期待には，制度の狭間にある「困りごと」の全てを解決してくれる「スーパーマンとしての CSW」像が浮き彫りになっている。難しい生活課題を突き付けられている対人支援職にとっての「画期的な専門職」としてのイメージが過剰期待となって独り歩きしている感は否めず，それが現場実践上に少なからず「混乱」を招いていることは事実である。

　これは，先に確認した CSW およびコミュニティソーシャルワークの定義や機能の曖昧さ，および実態としての役割のばらつきに関連する問題であると考えられる。すなわち，いちソーシャルワーカーとしての CSW におけるコミュニティソーシャルワーク方法論・実践理論が未確立である一方で，「スーパーマンとしての CSW」像が独り歩きしているのではないだろうか[10]。

　先に確認したように，CSW には制度の狭間の課題を解決する支援（熊田 2015）や包括的な支援体制の整備における人材としての期待（菱沼 2020）等があり，また特定の領域の相談支援だけでは対応が困難なため CSW が必要とされることから，CSW が対応するケースは複合多問題や制度の狭間の課題を抱えている住民の場合が多いとされる（松端 2018）。一方で，このようなコミュニティソーシャルワーク方法論の未確立により，求められる役割と現実との間に乖離が生じ，現場実践上で混乱が生じているのではないだろうか。

　このことに関連して田中ら（2015）は，東京都豊島区，埼玉県飯能市におけ

る調査から「CSW 自身の課題でもある力量形成のための援助技術の向上や経験の蓄積」によって困難事例の水位が下がることを強調する。すなわち複合多問題や制度の狭間の課題への支援における CSW 側の力量形成が求められており，コミュニティソーシャルワーク方法論の確立は喫緊の課題であるといえる（黒澤 2013；花城 2002）。

　しかし現状は，CSW 実践が有効に機能し，地域でどのように成果を出しているかについては十分に検証されているとは言いがたく（田中ら 2015），CSW の配置や，各種事業を通じて社会的孤立など「支援困難」事例への介入を行っているが，コミュニティソーシャルワークの概念は未だ統一されたものではなく（田中 2015），その方法論の確立等については「ほとんど検討がなされていない現状にある」のである（梅澤ら 2017）。

　以上，CSW の定義や機能について概観し，一定の定義が示されているものの実態としては地域間での役割にばらつきがあり，また求められる役割と実際との乖離があることを確認した。これらは，いちソーシャルワーカーとしての CSW におけるコミュニティソーシャルワーク方法論・実践理論の未確立という課題に集約されるのではないだろうか。CSW としての専門性に関して原田（2014）は次のように述べる。「コミュニティソーシャルワークは，ソーシャルワークの統合化や再編であることからも，その推進にはソーシャルワーカーとしての業務と専門性が求められる。コミュニティソーシャルワークの機能に注目して，その機能を分節化してそれぞれ他の専門職や地域住民など広く担うことができるという立場もあろうが，そのことを前提としてしまうと，ソーシャルワークとしての専門性を曖昧なものにしてしまう。個別支援から地域支援に至る全体を視野に入れた養成と実践のなかで，ソーシャルワーカーとしてのアイデンティティと力量を高めていくことが必要とな」る。このように述べ，CSW の専門性強化の必要性を強調している。

　本書では，このような CSW としての専門性強化をも視野に入れ，いちソーシャルワーカーとしての CSW におけるコミュニティソーシャルワーク実践理論について考察していく。一方で，社会的孤立への支援の責任の全てを CSW

に求めようとするものではないことをここで強調したい。換言すれば，本書は
「スーパーマンとしての CSW」像を描くことを志向するものではない。諸制
度からもれ落ちた制度の狭間事例が CSW に集約されるのみでは，出口のない
中でソーシャルワーカーが疲弊しバーンアウトしていく状況から脱することも
できない（川島 2015）とされるように，個別支援の実践だけではなく，地域に
おけるシステム形成に向けた啓発活動，行政への働きかけ，計画策定への参画
も非常に重要であろう。またソーシャルワーカー個人の資質や能力，経験等に
期待，もしくは依拠するシステムでは，いつか限界が生じるであろうし，市町
村格差や（市町村内における）地域間格差を促進させる要因の一つともなり得る
だろう。

　また CSW の実践力について，川島（2011）は，大阪府における CSW 養成
研修受講生に対するインタビューの中で「スーパーマン的な役割を演じること
は荷が重過ぎる」という不安の声が聞かれたことを挙げ，地域ケアシステムを
展開するために求められるソーシャルワーク機能の全体像としてコミュニティ
ソーシャルワーク機能を捉え，「ネットワーキングを戦略としてチームで総体
的に機能を果たしていくことが必要である」ことを強調する。本書では，この
点も重要な指摘であると受け止め，そのあり方についても検討していきたい
（第 2 章，第 4 章）。

　加えて，ソーシャルワーカーの身分を保証する地域全体のシステムがなけれ
ば「孤軍奮闘するソーシャルワーカーはバーンアウトすることは避けることが
できない」として，「マクロから政策システムとして外在的にソーシャルワー
ク実践をサポートする仕組みが市町村を単位として計画的に整備されること」
が総合的な地域を基盤とするソーシャルワーク実践には必須条件となるとされ
る（川島 2011）。ソーシャルワーク実践をサポートする仕組みの計画的な整備
という点について，例えば第 1 章で扱う D 市においても，行政計画である第
一次地域福祉計画に CSW を明確に位置付けており，政策システムを基盤とし
た実践であることをここで確認したい。

第5節　個別支援と地域支援の「統合」をめぐる議論

　コミュニティソーシャルワーク方法論・実践理論の未確立という課題について さらに検討を深めるために，本節では個別支援と地域支援の統合的実践に関 する論考を確認していきたい。

　これまでの理論的検討から，CSW およびコミュニティソーシャルワークの 概念・理論や実践的方法論は未だ発展途上にあるといえる。しかしその本旨と して，コミュニティソーシャルワークとは「個別支援と地域支援の統合的実 践」であるとされている（菱沼 2020）。このようなコミュニティソーシャルワ ークにおける個別支援と地域支援の論考は，以下のような形で特徴づけられて いる。

　例えば野田・後藤（2013）は，コミュニティソーシャルワークとは「従来の ケースワーク機能，グループワーク機能，コミュニティワーク機能などを総合 的に，個別と地域とで援助を同時進行させ，それらを総合的に展開する機能」 であるとする。また小坂田（2016）は，これまで自助力と公助力のみのネット ワークによる個別支援（ソーシャルケースワーク）と，個別支援を行わない地域 支援（コミュニティワーク）がそれぞれ別々に行われてきたことを挙げ，コミュ ニティソーシャルワークは，こうしたソーシャルケースワークとコミュニティ ワークの持つ課題を乗り越え統合していくものであるとする。また井上・川﨑 （2011）は，「地域自立生活を支えるケアは地域を基盤として包括的・継続的な ケアのシステムがもとめられるのであり，安心，安全で暮らしやすく，相互に 支えあう地域づくり（地域支援）と個人の生活を支える医療，保健，福祉その 他生活に関連する社会資源をトータルに活用して支援する（個別支援）という 2つの側面から同時にアプローチしていくという，そこにコミュニティソーシ ャルワーク機能の存在意義がある」点を強調している。

　他にも，「個別支援と地域支援を一体的に展開」（加山 2016），「地域組織化と 個別援助の両輪」（野口 2008）などの言葉で表現されるように，CSW の実践に

おいて個別支援と地域支援は，連動，一体的推進，両輪，同時，総合的展開，統合などの表現を用いて一体的に展開されており，少なくとも個別支援と地域支援の総合的展開という共通項はあるとされている（菱沼 2012）。

その一方で松端（2017）は，「個別支援系の専門職の配置を中心とした相談支援体制を構築していくためには，それとは別にコミュニティワーク（地域支援）の機能を担う専門職による実践が不可欠である」と，「地域支援の機能と安易に混同するのではなく，むしろ機能を分化することの必要性」を強調する。加えて，地域福祉実践における機能，あるいは地域福祉におけるソーシャルワークの機能には2つの側面があり，これらの区別が重要な意味を持つとしている（松端 2018）。その2つとは，一人の専門職が個別支援から地域支援にわたる2つの機能を一体的に実践する実践的総合派か，複数の専門職もしくは専門組織・機関が分担し，個別支援系の専門職と地域支援系の専門職とが相互に連携を図ることで総合的に展開していけるようにしていく機能分化派である。この問題について，次節でさらに詳しくみていこう。

第6節 「統合」による社会的孤立支援の展開可能性

（1）個別支援と地域支援の「重複領域」

個別支援と地域支援の機能を分化させることについて，松端（2018）は「地域福祉を推進していくためには，個々の住民の抱える生活課題の解決を図る個別支援を中核的な機能とする〈コミュニティソーシャルワークシステム〉と地域における住民参加や自治を通してガバナンスを構築していく地域支援を中核的な機能とする〈コミュニティワークシステム〉とを相互に関連づけながら機能させていくことが有効である」と，「総合化を志向したソーシャルワークの機能分化仮説」として整理している。

このような概念整理をふまえ，コミュニティソーシャルワークの議論に象徴されるように総合相談（個別支援）と地域づくり（地域支援）とを一体的に進めることが重視されているという状況に対して，松端（2020）は次のような論点

で実践上の困難さや論理的矛盾を指摘してきた（松端 2012, 2018）と述べる。その論点は，次のとおりである（松端 2018, 2019）。①個別支援と地域支援とが一体的に推進できるか否かはケース・バイ・ケースであり，常にそのようにできるわけではないし，常にそのようにしなければならないというわけでもない。②個別の支援であるにもかかわらず，地域支援（地域づくり）を目的化することは，個々人の支援を地域づくりの手段にしてしまうので「本人中心」という支援の原則に反する。③「個別化」を基本原則とする個別支援から地域づくりへという文脈とは別に，地域社会そのものに働きかけるアプローチ（「集約化」された地域課題への対応）のあり方を検討する必要がある。以上の松端の指摘について，ここで本書における筆者の立場を示し，あわせて本書の射程を確認したい。

　①について，CSW に寄せられる相談の全てをコミュニティソーシャルワークの枠組みで捉えるべきではなく（川向・中谷 2016），また実際に CSW が担う全てのケースにおいて個別支援と地域支援の一体的な展開が可能なわけではないとされるように（菱沼 2020），「常にそのようにしなければならない」という立場ではない。ただし，ここでは「個別支援と地域支援の一体的展開」によって，ソーシャルワーク実践，および地域福祉の推進という両者の「効果的で相乗的な実践」（岩間・原田 2012）をもたらすことができる点に着目したい。このことについて松端（2020）自身，個別支援，地域支援という 2 つの機能について「実際の実践においては，この 2 つの機能の重複領域が生じる」と述べ，重複領域をどのように捉えるのかということも含めて，概念の一層の精緻化を図る必要があるとしている。

　①の議論に関連して，藤井（2023）も，日本のコミュニティソーシャルワークの特質の一つとして「統合実践の核が見えにくい」と述べている。そして「個人化と自助への社会的抑圧と分断が強まる今日の社会では，当事者，住民のみの立ち上がりに一方的に期待することには無理があ」り，「現在，社会的排除と孤立，少子高齢化と人口減少などを要因とする多様な地域課題が『分断』という用語とともに看過できない問題として広がっている」中で，「地域

社会構造へのアプローチの弱いミクロ実践に傾斜した地域福祉実践は，今後，限界がくるであろう」と指摘している。

　本書ではこれらの指摘を受け止め，その応答として，個別支援と地域支援の核，すなわち重複領域の意義として，とりわけ二次障害（第1章以降にて詳述）によって他者との「関係性」の課題を抱え社会的孤立状態に陥っている事例への「効果的で相乗的なソーシャルワーク実践」につながること（以下，個別支援の深化）の有用性が高いと考え，検討を進めていきたい。

　②について，個別支援に際しては，①で述べたように個別支援と地域支援を統合することによる相乗効果として「個別支援の深化」が期待できる。たとえ個別支援と地域支援を一体的に展開したとしても，その中における個別支援に関しては「本人中心」という支援の原則のもとで行われる実践であり，本人中心の支援原則に反するものではないと考えられる。

　③について，地域社会そのものに働きかけるアプローチや，そのあり方を検討することは確かに必要であるが，それゆえにCSWによる個別支援と地域支援の一体的展開に対する「論理的矛盾」とはつながらないと考える。すなわち，例えば小学校区など一定の地域福祉圏域を担当し，個別支援と地域支援とを一体的に展開するCSWと，中学校区や市町村圏域全域を担当するコミュニティワーカー（例えば生活支援コーディネーター）とが相互に連携する形も検討可能ではないだろうか。

　このことに関連して川島・榊原（2017）は，「地域福祉援助の8つの実践場面」を挙げ，それぞれを個別支援・地域支援，またミクロ・メゾ・マクロの視点から整理している。具体的には，①個別ニーズの把握，②個別支援のネットワーク化，③個別課題の普遍化，④プログラムの開発・推進，⑤ソーシャルアクション，⑥地域資源のネットワーク化，⑦計画化，⑧制度化の8つである。ここでは，①から③が個別支援，③から⑧が地域支援として整理され（③は重複），CSWが主に①から⑤，コミュニティワーカーが主に③から⑧を担うことが示されている。このように整理した上で，主にミクロ・メゾ領域（個別支援・地域支援）を担うCSWと，主にメゾ・マクロ領域（地域支援）を担うコミ

ュニティワーカーの実践は重なる部分の幅が広く，CSW が計画化に関わるなど相手の領域に越境することも十分考えられるとして「相互乗り入れ型の協働実践」の重要性を示している。

　この「相互乗り入れ型の協働実践」の考え方を基盤として，先に確認した松端の分類（2018）に関連させて述べると，住民の抱える生活課題の解決を図る【個別支援】，担当圏域の【地域支援】，およびそれらの【統合】（による個別支援の深化・地域支援の推進）という3つを中核的な機能とする〈コミュニティソーシャルワークシステム〉と，中学校区等を対象として，住民参加や自治を通してガバナンスを構築していく地域支援を中核的な機能とする〈コミュニティワークシステム〉とを相互に関連付けながら機能させていく形をとることも検討可能ではないだろうか。

　以上のような立場に立脚し，本書は松端の分類でいう実践的総合派 CSW における支援展開可能性を探っていく。この点に関連して岩間・原田（2012）は，個別支援と地域支援を総合的に推進する理論と方法として「地域福祉援助」という2つの側面を含む概念を提起している。その2つとは，本章第4節で確認した「地域を基盤としたソーシャルワーク」（岩間 2011）と，「地域福祉の基盤づくり」である。そして地域を基盤としたソーシャルワークについて，「個を地域で支える援助（A）」と，「個を支える地域をつくる援助（B）」を射程に入れた実践として位置付けている。また地域福祉の基盤づくりの内容をみると，地域住民の参加や協働の援助技術，住民の主体形成や福祉教育，地域福祉計画，ボランティア・NPO，地域福祉援助のプログラムやネットワークなどを網羅しており，地域を基盤としたソーシャルワークの守備範囲を超える展開としてのコミュニティワークの必要性を明示している。加えて岩間（2011）は，地域を基盤としたソーシャルワークのより精緻な理論体系の構築に向けては，「個を地域で支える援助と個を支える地域をつくる援助の一体的推進」に求められる知識と技術を明示すること，さらにそこから地域福祉の進展に向けたプロセスを明確に描写することが求められることを挙げている。先述の「相互乗り入れ型の協働実践」の考え方に立脚しつつ，本書では以下，岩間（2011）の「地

域を基盤としたソーシャルワーク」概念をコミュニティソーシャルワークと定義し論じていく。そして「個を地域で支える援助（A）」を個別支援，「個を支える地域をつくる援助（B）」を地域支援と位置付け，個別支援と地域支援の統合の可能性を探っていきたい。

（2）「重複領域」の意義を見出す

　この統合をめぐる問題について加山（2016）は，支援困難ケースに対する総合的な実践の課題として「地縁型住民組織とのネットワークを，個別的な課題をもつ当事者への支援に活かし切れていない」ことを指摘し，「個別支援＋地域支援の連動性とバランスを改善していくこと」を強調している。また川島（2011）は，個別支援と地域組織化をつなぐソーシャルワークについて，地域におけるソーシャルワークの総合化には，専門分野の総合化，多元的な推進主体の協働，福祉方法論の統合の3つの軸があるとして次のように述べ，その基盤理論としてジェネラリスト・ソーシャルワークを提起している。地域における総合的なソーシャルワークについての論説は2つの流れをみることができる。一方は大橋（2005）による地域自立生活支援に焦点を置くもの，もう一方はコミュニティワークに焦点を置くもの（平野 2003）である。いずれのアプローチにおいても専門性の高い，また極めて幅の広い総合的なソーシャルワークを実践していくためには，ソーシャルワーカー個人の努力や能力のみに期待するのでは机上の理想論の域を出ない可能性が高く，「具体的な実践理論を構築していく作業が必要」であり，上記2つのアプローチをその中に勘案していかなければならない（川島 2011）。

　このような中，本書では岩間の枠組みをより具体的かつ実践的なモデルとして展開するため，実践的総合派 CSW の実践から，個別支援と地域支援の統合による社会的孤立支援の展開可能性について検討し，コミュニティソーシャルワーク実践理論を提唱していきたい。個別支援と地域支援を連動させ統合することで，新しいモデルで対象者を捉えることができ，社会的孤立を含む，いわゆる「支援困難」とされるケースにおいても支援の手が届くようになるなど，

より効果的な実践をもたらすことができるようになると考えられる。

　以上，本書では，「地域福祉の基盤づくり」としてのコミュニティワークの手法を検討する必要性を認識しつつ（コラム③「サンタが街にやってくる」），とりわけ CSW による個別支援と地域支援の統合における意義を検討したい。すなわち個別支援と地域支援の一体的展開による重複領域の意義を見出し，また意味付けすることにより，地域共生社会の実現に向けたコミュニティソーシャルワーク実践特有の役割や機能が浮かび上がり，コミュニティソーシャルワーク方法論・実践理論の確立につながると仮定し検討を進めたい（第3章以降で詳述）。そして本書全体を通して，先述の岩間（2011）のいう「個を地域で支える援助と個を支える地域をつくる援助の一体的推進」に求められる知識と技術を明示すること，さらにそこから地域福祉の進展に向けたプロセスを明確に描写することを通して，「地域を基盤としたソーシャルワーク」，すなわちコミュニティソーシャルワークのより精緻な理論体系の構築に貢献したい。

コラム③　サンタが街にやってくる

　地域福祉の推進の柱として，地域福祉計画，社協，そして共同募金がある（社会福祉法第10章「地域福祉の推進」）。ここでは，共同募金運動の一環である歳末たすけあい募金を活用した地域福祉の推進の取り組みの一つを紹介したい。

　筆者が社協職員の時に，「子どもの貧困対策に資する取り組みをしたい」と企画を立案した。子どもの貧困率は13.5％，子どもの7人に1人が貧困といわれ（当時），いまや身近な問題となっている。その中には，母子家庭などひとり親の世帯も48.1％という状況にあった（厚生労働省編 2020）。また当時，生活福祉資金の特例貸付を利用している世帯も市内に一定数いた。

　子どもの貧困は，経験の格差をも生じさせるといわれている（大澤 2008）。生活保護受給には至らないまでも「修学旅行へ行けない」「ゲーム機が買えない」「外食ができない」など同世代の子どもと比べて様々な「機会」が少ないことが，子どもの貧困に関連する問題の一つとして挙げられる。クリスマスに「サンタクロースが来てほしい」と思う子どもは多いのではないだろうか。また学校などでも「クリスマスにどんなプレゼントをもらったか」と話題になることもあるだろう。そのような際に，人知れず悲しい思いをしている子どもがいるのである。このような状況に対して「何とかできないか」と考えた。企画内容は，次のとおりである。

写真序-3　用意したプレゼント　　写真序-4　「サンタさん，ありがとう！」（イメージ）

　12月のクリスマス前の計3日間，10時から16時（正午を除く）まで，1時間ずつの枠を設定し，事前予約制で，サンタクロースに扮した職員2名が家庭を訪問することによって「クリスマスを家族で祝う機会」を提供することを目的とした。予約は「どなたでも応募可」だが，「ひとり親家庭や困窮世帯（例えば就学援助や生活福祉資金特例貸付の利用世帯，生活困窮者自立相談支援事業にて介入中の世帯など）を優先」とした。これは，ひとり親家庭や困窮世帯「のみ」を対象とする事業であると，その「限定的な」対象規定が足かせとなり参加しづらい世帯が生じると想定されるためである。また訪問時には，「社協」の文字が見えない車で訪問することを事前にチラシに明示した。

　加えて，親から子どもへのプレゼントがある世帯は，事前にプレゼントを預かりサンタクロースから渡すこともできること，メッセージがあればサンタクロースから伝えることもできること，社協からもささやかではあるがクッキーなどのプレゼントを子どもに用意する旨をチラシに記載した（このためアレルギーの有無も事前に確認した）。クッキーなどのプレゼントは，コロナ禍において売上が下がってしまった市内の個人オーナーの洋菓子店に依頼することとした。また保護者へも，サプライズでちょっとしたプレゼント（福祉事業所が作っている珈琲など）を用意した（写真序-3）。

　36世帯定員の枠に約150世帯から応募があった。「優先世帯」からも20世帯以上の応募があり，残りを一般世帯から抽選で決定した。

　企画実施後にアンケートを実施したところ，満足度は5段階中4.95であった。また

「はじめて本物のサンタを見た」という子どもの声だけでなく，保護者からも「私の
プレゼントもあるなんて驚いた」「プレゼントをもらう機会がなくなった親にも嬉し
い出来事だった」という声が多数あがった。

　このような企画を考えられることも，社協の仕事のやりがいの一つである。プレゼ
ントを受け取った時の，子どもたちの笑顔は忘れられない（写真序 - 4 ）。

第 7 節　体制としてのコミュニティソーシャルワークの展開

　次に，システムとしてのコミュニティソーシャルワークとの関連から検討し
ていく。これまで CSW の「曖昧さ」という指摘の背景について，CSW の広
がりや求められる役割との乖離から検討してきた。そしていちソーシャルワー
カーとしての CSW におけるコミュニティソーシャルワークの方法論・実践理
論の未確立という課題に集約されると考え，個別支援と地域支援の一体的展開
による「重複領域」の意義を見出し，また意味付けすることで，コミュニティ
ソーシャルワーク方法論・実践理論の確立につながると仮定した。

　もちろん，コミュニティソーシャルワークは対象者，およびその活動の多様
さと複雑さから「決して一人のソーシャルワーカーが抱え込むものではない」
（小坂田 2016）とされるように，チームアプローチとしての側面もあるだろう。
本章第 4 節でも触れたように，コミュニティソーシャルワーク実践を展開でき
るシステムの構築も不可欠であり，「個別支援と地域へのアプローチの統合が
可能となるシステム」も重要である（菱沼 2008）。このことについて松端
（2020）は，コミュニティソーシャルワークの議論が，当初は「CSW」の実践
のありようとして語られてきたが，次第にチームアプローチへの比重が高まり，
「コミュニティソーシャルワーク」であることが強調されてきたことを挙げて
いる。

　「コミュニティソーシャルワークという機能を展開できるシステムがあるか
ないかが大きな課題」（大橋 2005）と指摘されてきたように，チームアプロー
チとしてのコミュニティソーシャルワークや協働の重要性は，決して軽視でき

ないだろう。一方で，コミュニティソーシャルワークシステムにおける「いちソーシャルワーカーとしてのCSW」に求められる役割も重要である。このことについて菱沼（2020）は，次のように述べている。コミュニティソーシャルワークはCSWだけで担う実践ではなく，多様な人々との協働によって生み出されるものである。その中においてCSWに求められるのは，他の専門職では支援対象とならない個別ニーズの解決に向けて伴走していく個別支援であり，支援を必要とする人々が地域の中で孤立したり，あるいは排除されることのないように，地域支援へと結びつけていくことである。

　本書では，「他の専門職では支援対象とならない個別ニーズ」（菱沼 2020）として，とりわけ社会的孤立状態にある人々へ対応するコミュニティソーシャルワークの実践理論の確立が求められていると考え検討していく。そしてこれらの議論と並行して，「個別支援と地域支援の一体的展開」という意味でまさにコミュニティソーシャルワークそのものであり（原田 2021），コミュニティソーシャルワークが展開できるシステムを構築していくことと同義である（原田 2022）とされる重層的支援体制整備事業を活用して，これらコミュニティソーシャルワーク実践の「体制」としての展開可能性を探っていく。

　なお，本書で扱う事例は全て，個人および団体が特定されないよう配慮し，事例については内容が保たれる範囲で一部改変している。具体的には，対象者等の年齢を一部変え，本人の性別は伏せる，もしくは適宜変更し，その他の固有名詞は当該機関やサービスを指す一般名詞に変更している。また，第5章で扱う事例については，より詳細な検討を行うため，対象となる当事者等に対して研究の趣旨等を説明し，文書による同意を得ている。加えて，実践的検討で扱う市町村名，および年度（例えばV年（第1章），W年（第2章）など）については，全てアルファベット表記とした。[15]

注

(1) 本調査では，名称・呼称は問わず「①小地域単位で担当し，②制度の狭間の課題を含めて，個別支援と地域の社会資源をつなぎ，③地域特性に応じた社会資源やサービスの開発を含めた地域支援を行う」役割を担っている人を CSW（地域福祉コーディネーター）と定義している。

(2) 構造的な限界について，菱沼（2020）は，社会福祉制度に基づく公的機関の支援においては，公平性が求められるがゆえに制度による支援対象者やニーズを明確にする必要があり，逆に対象とならない問題には対応できないことを挙げている。

(3) この指摘とは，例えば社会福祉系大学院のあり方に関する分科会編（2014），厚生労働省第 9 回社会保障審議会福祉部会福祉人材確保専門委員会編（2017），日本学術会議社会学委員会社会福祉学分科会編（2018），中村（2020）などである。

(4) ゴミ屋敷について田中（2019b）は，社会福祉やソーシャルワーク実践において「不登校，ひきこもり，虐待，生活困窮，自己破産，依存症，自殺，孤立死，ホームレス，行方不明高齢者，認知症などと同じ地平で課題視されているが，学術的に研究された形跡がない」としながらも，その原因について次のような 3 つの仮説的な見方をしている。第一に生活技術（整理整頓）の未成熟，第二に強迫性障害等の精神科的な問題，そして第三に「孤立・孤立感」であり，「こころの隙間を埋める存在」としてのゴミは「こころの問題と切り離すことができない」と強調する。本書においても，表記についてはいわゆるゴミ屋敷状態にある世帯を総称して「ゴミ屋敷」とするが，支援展開においては，隣近所や地域が「困った人（家族）」として認識している段階では排除が生まれやすく（川本 2017），対象者本人の視点や認識を重要視する必要性を強調したい。

(5) 社協は全国にネットワークを有しており，たとえ対象世帯が転居することとなっても有機的な連携が可能となるであろう。また都道府県単位で CSW 養成研修を実施しているところもあり（例えば愛知県社協），市町村格差を生じさせないためにも CSW 配置の平準化や，養成研修・フォローアップ研修などの人材育成の体制整備は必須だと考えている。

　　一方，社協 CSW を基盤としつつ，多職種連携によりその機能の一部を他の社会福祉法人が担うなど，コミュニティソーシャルワーク実践や重層的支援体制整備事業の「実施主体の重層化」も検討可能であるといえる（第 4 章で詳述）。

(6) アウトリーチには「多様なかたち」がある。例えば東海村社協では，アウトリーチ実践に関する事例集を作成するなど，様々な実践の「見える化」にも力を入れている（東海村社会福祉協議会編 2024）。

(7) コミュニティ・オーガナイジングについては，例えば室田・石神・竹端編（2023）

序　章　「社会的孤立」とコミュニティソーシャルワーカーの今

に詳しい。

⑻　本書では，半田市編（2021）の記述に合わせて福祉教育を「ふくし共育」と表記する（引用などは除く）。

⑼　中村（2017）は，ストレングス視座（視点・パースペクティブ），ストレングス・モデル，ストレングス・アプローチなど，モデルやアプローチ，また実践理論やパースペクティブ等の用語がその違いを明確にされないまま使用されている現状を指摘し，モデル／アプローチについての峻別理解の重要性を強調する。

⑽　この点に関連して，野村（2019）は，現在の地域福祉はソーシャルワークにより成り立っているというよりも人で成り立っているといっても過言ではないとし，"人ありきの福祉"からの脱却を強調している。

⑾　川島（2011）が行った CSW に対する実践実態調査では，個別支援の実践に比べて地域におけるシステム形成に向けた啓発活動，行政への働きかけ，計画策定への参画についての実践評価が相対的に低いことが明らかとなっている。また計画策定プロセスを通した「コミュニティソーシャルワークを展開できるシステム構築」の手法については，加藤（2021a），および加藤（2022）を参照されたい。

⑿　ここでは実践的総合派 CSW として位置付けたが，本書（とりわけ第 2 章，第 4 章）で示される体制整備に関する実践の方法論を読んだ後，これは機能分化派ではないかという疑問を抱く読者もいるかもしれない。この点について，筆者の立場としては，統合の核，すなわち重複領域の意義を認めつつ，それを CSW だけでなく体制として展開していくことを重要視していることをここでは強調したい。

⒀　榎本ら（2021）は，文京区社協における地域福祉コーディネーターの活動について，個人支援，地域支援，その他の支援に分類して整理している。ここでは分析枠組みとして，個人支援を①当事者への直接の訪問による関係形成などの「直接支援」と，②関係者，他の機関・団体への訪問，連絡などの「間接支援」に分けて，その役割や意義について考察している。本書においても，「個別支援」を直接支援と間接支援を含む概念として位置付け，地域支援との統合の可能性を探っていく。

⒁　本書では，コミュニティワークについても同様に，岩間・原田（2012）の提示する「地域福祉援助」における「地域福祉の基盤づくり」に準じて論じていく。

⒂　原著論文の中には，一部市町村名を記載している論文もあるが，全て，倫理的配慮を十分に行っている。これらを前提としつつ，本書では個人情報保護の更なる徹底のため，実践的検討で扱う市町村名等は全てアルファベット表記で統一することとした。

第1章	「制度の狭間」にある課題を捉える

　序章では，社会的孤立に対する社協 CSW への期待や国際的合意事項に対する本書の立ち位置，コミュニティソーシャルワークの理論化をめぐる議論について確認した。コミュニティソーシャルワーク実践においては，制度の狭間の課題などを抱え社会的孤立状態にある人々への個別支援や，対象圏域の地域支援を一体的に展開していくわけだが，その「方法論が未確立」であるという問題が指摘されている。このことから本書では，CSW による社会的孤立事例への支援展開における理論と実践について論じていく。このため，本章ではまずコミュニティソーシャルワーク実践における支援の焦点について検討していきたい。

　さて，本章の議論に入る前に，現在あなたが対応している，あるいはこれまで対応してきた社会的孤立事例への支援の焦点について考えてみてほしい。本章で提示する焦点は，今，各読者が想定したものを否定するものではないことを強調しておきたい。想起された様々な焦点に加えて，ややもするとこれまで見逃されてきた新たな視点——しかし重要な焦点の一つ——として捉えていただくのがよいだろう。

第1節　地域との協働に向けたソーシャルワーク理論モデル／アプローチの必要性

　これまでみてきたように，コミュニティソーシャルワークの理論は個別支援と地域支援をめぐる大まかな規定であり，十分に体系化されていないことが指摘されている。つまり，制度の狭間の課題や社会的孤立に対して CSW が支援を展開する際に，具体的にどのようなソーシャルワーク理論モデル／アプローチが必要になるか，明確にはされてこなかった。これに関して木戸・木幡

（2014）は，「連携や協働を前提とする地域を基盤としたソーシャルワークの実践状況では，ソーシャルワーク理論アプローチを活用する目的を，利用者の問題解決支援ばかりに焦点化する」だけでなく，「支援チームに向けてソーシャルワークの意図やねらいを説明する」必要があることを強調する。加えて，ソーシャルワーク理論モデル／アプローチの適用性を高めるための今後の課題として，「多職種多機関との連携協働に向けた説明力，発信力として活用すること」などを挙げている。

　地域を基盤としたソーシャルワーク，つまりコミュニティソーシャルワーク実践において制度の狭間の課題を抱えた人々を支援する際には，言うまでもなく「住民と専門職の連携」が重要である（全国社会福祉協議会政策委員会編 2012）。住民を「支援チームの一員」と捉えるのであれば，住民に向けた説明力，発信力のあるソーシャルワーク理論モデル／アプローチが必要といえるのではないだろうか。つまり，制度の狭間の課題を抱え，社会的孤立状態となっている人々を「どのような枠組みで捉え（モデル），どのような枠組みで支援するか（アプローチ）を，支援チームの一員である住民に対してわかりやすく提供できる理論的枠組み」が必要であると考えられる。もちろん，このような理論的枠組みについて検討することは，コミュニティソーシャルワーク実践の支援の焦点を同定することにも寄与し，地域支援を通した個別支援（第3章以降で詳述）など社会的孤立支援の推進を可能ならしめると考えられる。

　本章では，その理論的枠組みとして支援の焦点について考えるために，まずはCSWの主な支援対象とされる制度の狭間の課題がどのようなものかを確認し，「関係性」についての概念整理を行う（第2節）。次に，その背景にあると考えられる二次障害，および併存精神障害についての理論的検討（第3節），実践的検討を行い（第4節），コミュニティソーシャルワークにおける理論的枠組みとして支援の焦点について考えていきたい（第5節）。

第2節　関係性をめぐる議論

(1)「制度の狭間」の背景に潜在化する福祉的ニーズ

　筆者がCSWとして対応してきた制度の狭間の事例として，例えばひきこもり，ゴミ屋敷，家族不和，近隣トラブルなどの事例が挙げられる。そしてこれら制度の狭間の事例の背景には，例えば以下のような課題や福祉的なニーズがあった（これらの事例はいずれも典型事例であるが，多くの場合，それぞれの事例の背景に複数の課題やニーズが見受けられた。例えば②や③は，一つの事例（世帯）の背景に見られたものである）。

　①　ひきこもりの背景

　　発達障害，統合失調症，場面緘黙症，起立性調節障害，母子（親子）関係など

　②　ゴミ屋敷の背景

　　発達障害，知的障害，生活困窮，難病，動物の多頭飼育など

　　（またその結果としての）家族不和，退去勧告など

　③　家族不和の背景

　　発達障害，双極性障害，統合失調症，ひきこもりなど

　　（またその結果としての）支援拒否，サービス利用拒否，自殺企図など

　④　近隣トラブルの背景

　　パーソナリティ障害，統合失調症等の精神疾患，認知症など

　これらはいわゆる「複合的な課題」を抱えた個人・世帯の事例であるが，図1-1のように，現象化している課題（例えばひきこもり，ゴミ屋敷など）の背景には，他者との関係性に関する課題があり（全容は見えないが，一部，顕在化している状態），さらにその背景に「福祉的なニーズ」が潜在化していることも多か

図1-1　「制度の狭間」の背景
（筆者作成）

った（コラム④「現象化している課題と背景のニーズの違い」）。そして個人として，また世帯全体として社会的孤立状態となっていた。これらのことから次に，「関係性」や「制度の狭間」の概念について整理したい。

コラム④　現象化している課題と背景のニーズの違い

　これまでの現場実践の経験の中で，（多くのソーシャルワーカーにとっては当たり前であるが）現象化している課題（家族や近隣の住民，支援者等の目の前に現れてきている問題）と，その背景にある実際のニーズには違いがあることを実感してきた。ここでは，「表明されたニーズだけでなく，その背景にある本当のニーズに着目する」ことの重要性について触れたい。

　しばしば，本人が口に出して表明するニーズは，本当のニーズの一部分でしかなかったり，相談機関の役割をわかっておらず，わかりづらい言い方だったりすることがあるだろう。例えば「緊急小口資金（生活福祉資金の特例貸付）の申請をしたい」という人は，単に「お金を借りたい」だけでなく，「お金に困っているからなんとか生活を立て直したい」というニーズがその背景にあるかもしれない。「（高齢の親などに対して）ヘルパーを利用したい」という人は，単に「介護保険の訪問介護を利用したい」だけでなく，「介護負担を軽減して，少しでも自分の時間を持ちたい」というニーズをあわせ持っているかもしれない。このような背景にあるニーズについても目を向ける必要がある。

　ここでは，ソーシャルワーカーの「ポジショニング」（どのような価値のもとに支援を行うかという「立ち位置」）が重要となってくる。表明されたニーズのみに着目し，そのニーズに自身の所属する機関や窓口の提供するサービス，制度などが「合致するかどうか"のみ"」をみているポジショニングではなく，相手の困りごとは何か，背景にあるニーズや事情は何かを重要視する——すなわち，クライエントと同じ視点に立って話を聞き，表明されたニーズだけでなくその背景にあるニーズにも着目し，そのニーズに対して「何が必要か」「どのような支援が必要か」を考える——ポジショニングが重要であると考えている（筆者は前者を「対面型」，後者を「横並び型（伴走型）」と呼んで学生や現任のソーシャルワーカーへ伝えている）。

　例えば，先の「緊急小口資金の申請をしたい」という人に対して，仮にその制度に該当しない場合（例えば，貸付条件の一つに「コロナウイルスの影響による収入減」があるが，基準日とされる日より前に退職し，「コロナウイルスの影響による収入減とはみなされないが，就職活動が思うように進められず生活に困窮している」場合）でも，その背景にある「お金がなくて困っている」というニーズに着目すれば，その

第1章 「制度の狭間」にある課題を捉える

後の対応は変わり得るだろう。すなわち，単に「制度に該当しないこと」を理由に支援を断るのではなく，「持ち家か賃貸か。賃貸の場合，家賃はどのぐらいだろうか，支払いは滞っていないだろうか（住居確保給付金等の申請の検討）」「食べるものに困ってはいないだろうか（フードバンク等の活用の検討）」「支出の内訳はどうだろうか（延納相談や支払い免除となるものはないかの確認）」「就職活動に関する支援は必要だろうか（生活困窮者自立相談支援事業担当との連携の可能性の検討）」などについても確認が必要であり，多くの場合「まだまだやれることがある」のである（ただし，これらのことについて聞く時は，「なぜそれを聞くのか」という意図を相手に明確に伝えることも必要である）。そして何より，「お金がなくて困っている」という不安に寄り添うことがソーシャルワーカーには求められるのではないだろうか。

　繰り返しとなるが，これは多くのソーシャルワーカーには当たり前であろう。しかし筆者は，一部の市町村で，これが「当たり前ではない」実態に数多く出会い，「断らない相談」の重要性を高く認識していることから，講義などでも「商店街にやってきた『牛肉を買いたい』お客さんに対する"八百屋"の対応」というロールプレイを実施し，アセスメントやソーシャルワーカーのポジショニング，そして「断らない相談」の重要性について伝えている。

　現象化している課題と背景のニーズには違いがある。「現象化している課題」だけをみるのではなく，その背景にも意識を向ける必要があり，だからこそ我々には「まだまだやれることがある」はずなのである。

（2）関係性の課題としての「制度の狭間」

　『「社会的な援護を要する人々に対する社会福祉のあり方に関する検討会」報告書』（社会的な援護を要する人々に対する社会福祉のあり方に関する検討会編 2000）では，つながりの再構築，つまり社会的包摂の重要性が指摘されている。また『これからの地域福祉のあり方に関する研究会報告書』（厚生労働省編 2008）では，「公的な福祉サービスだけでは対応できない生活課題」「公的な福祉サービスによる総合的な対応が不十分であることから生じる問題」「社会的排除の対象となりやすい者や少数派・低所得者」の問題があるとして，新たな支え合い，つまり共助の重要性が指摘された。これらに共通する問題認識として，熊田（2015）は，「『つながり』ができない『関係性』に着目した問題認識」であるとし，制度の狭間とは，「複合的な不利を抱えているがゆえに，制度や空間，

39

家族・地域・職場等のさまざまな『つながり』から排除された人々の抱えるニーズの総称」と規定している。

また平野（2015）は，制度の狭間を「問題／ニードを抱えた対象者が，その問題解決／ニード充足に必要な手段・方法や資源がなく，要支援状態のままにおかれている状態」と定義している。本書では，この制度の狭間を，単に生活保護制度や介護保険などの高齢者福祉制度，障害者福祉制度など，これまでの制度や法律では解決することが難しいという"文字通り"の制度の狭間の問題と捉えるだけでは不十分であると考える。つまり，制度外の福祉サービス・活動の開発・実施（全国社会福祉協議会編 2010）など，インフォーマル資源を開発するコミュニティワーク的介入により「制度の狭間を埋める」だけでは支援の手が届かない人が存在するのではないかと考える。

それでは，「つながり」ができない「関係性」の課題である制度の狭間について，具体的な例をみていきたい。勝部（2015）は，制度の狭間として，孤独死，ひきこもり，虐待，多重債務，DV（ドメスティックバイオレンス），ゴミ屋敷，ホームレスなどを挙げている。また松端（2017）は，男性介護者，性暴力被害者，自殺等を挙げている。全国社会福祉協議会編（2010）では，現在の福祉課題・生活課題として貧困，孤立死，ニート，ひきこもり，自殺，ホームレス，ゴミ屋敷，家庭内での高齢者虐待や児童虐待，DV，更生保護分野における高齢者，知的障害者への支援などを挙げ，制度内の福祉サービスの充実・発展とともに制度外の福祉サービス・活動の開発・実施を提案した。これを受け全国社会福祉協議会政策委員会編（2012）では，制度の狭間の問題を抱えながらも相談やサービスに到達していないニーズがあることを指摘した。そしてニーズの掘り起こしのためには，アウトリーチに加えて「同じ地域で暮らしている住民は異変に気づいていても，専門機関への連絡に至らない場合も多く，こうした住民や地域での気づきが行政や専門機関につながる仕組みを整える必要がある」と，住民と専門職の連携の重要性を強調している。住民と専門職の連携の重要性は，制度の狭間の課題が「近隣への配慮・トラブルとして現象化しやすい」（熊田 2015）特徴を持つことからも明らかであるといえる。

第1章 「制度の狭間」にある課題を捉える

　そこで，本章においては，ひきこもりやゴミ屋敷，近隣トラブルなどの制度の狭間について，平野（2015）の定義に準拠しつつ，その概念的規定として，制度のみならず「空間，家族・地域・職場等のさまざまな『つながり』から排除された」（熊田 2015）「関係性の課題」であることを強調し，ソーシャルワーク理論モデル・アプローチに基づいたコミュニティ“ソーシャルワーク”として，その支援の展開可能性について論じていきたい。[1]

（3）「内的世界」を含めた関係性

　ここで，関係性の概念に関連するこれまでの議論を概観し，本章で用いる関係性概念について整理したい。上述の熊田（2015）は，関係性として制度や空間，家族・地域・職域などの「つながり」を挙げており，社会的，物理的，また心理的な関係性について言及している。制度の狭間に関連し，「社会的排除」概念においても関係性は着目されている。岩田（2008）は，貧困が主に生活に必要なモノやサービスなどの資源の不足に着目する概念であるのに対して，社会的排除は「関係の不足」に着目することを強調し，「社会関係が危うくなったり，ときには関係から切断されている」と，関係性の観点から社会的排除を論じている。

　また関係障害論を提唱する三好（1997）は，「関係」には家族的関係，社会的関係，自分自身との関係の3つがあり，人間を，個体としてではなく「関係の中の個体」としてみることを強調する。そして「関係でできたものは関係で治せる」と，関係性に着目することの重要性について述べている。

　加えて，ジェネラリスト・ソーシャルワークの基盤理論とされるエコロジカル・パースペクティブ（岩間 2005）を確立した生活モデル・アプローチに関して，ジャーメイン（1992）は，「人間」と「環境」の間の適応的な交互作用の産物として，関係性における「適応」が高まると捉えている。つまり生活モデル・アプローチにおける専門家の役割として，クライエント‐ワーカーの専門的な関係を「交互作用の舞台」として眺め，関係性のための能力を高めるなど関係性の「質の重視」を強調している。[2]

41

重層的支援体制整備事業においても新たに「参加支援」が打ち出される（2021年改正社会福祉法第106条の4第2項）など，役割や出番，人間関係をつくる支援として関係性が重要視されている（第4章で詳述）。

関係性については，内的世界[3]においても重要視されている。詳しくは第5章で取り上げるが，クラインは治療者と患者，クライエントとの二者関係，援助関係の基底に母親と乳児の交流をモデルとして置き，乳児の内的世界での交流や，内的対象としての母親や乳房との交流を描き出し，内的対象世界を想定する対象関係論を確立した（松木 2009）。

これらの議論を基盤として，本書では，主に心理・社会的な，あるいはクライエントの内的世界も含めた人間と環境との交互作用として関係性を捉え論じていく。

（4）関係性への支援を担うコミュニティソーシャルワーク実践

それでは，「関係性の課題」である制度の狭間の課題に対する支援にはどのようなソーシャルワーク実践が必要なのだろうか。先の熊田（2015）は，「既存の支援システムとつながることができず，その狭間にあるといった特質を有する課題群を解決・緩和するシステム・支援が新たに求められることになり，その代表的なソーシャルワーク実践がコミュニティソーシャルワークである」と述べている。その上でコミュニティソーシャルワークの概念を「社会・地域と『つながる』ことのできない個人に対してアプローチすると共に，『つながる』ことのできない社会・地域そのものにアプローチすることでつながりを構築していくといった『個人』と『社会・地域』双方向のベクトルで展開される援助実践である」と位置付け，個別支援と地域支援を連動させてソーシャルワークを展開することの重要性について強調している。

田中（2015）も同様に，制度の狭間の課題として生活困窮，虐待，自殺，孤立死，不登校，ひきこもり，依存症，認知症，震災被災者などを挙げ，その支援にはコミュニティソーシャルワークにおける「住民とともに解決していく公民協働のコーディネーターとしての働き」が重要だとしている。単にコーディ

第1章 「制度の狭間」にある課題を捉える

ネーターとしての働きだけでよいのかという疑問は浮かぶが，関係性への支援の担い手として CSW が重要視されているのは間違いないだろう。

以上のことから，ひきこもりやゴミ屋敷（勝部 2015：全国社会福祉協議会編 2010），近隣トラブル（熊田 2015）など制度や空間，家族・地域・職場等の様々なつながりから排除されている「関係性の課題」である制度の狭間の課題に対して支援を展開するには，住民と専門職の連携が重要であり，コミュニティソーシャルワーク実践として個別支援と地域支援を連動させることが必要といえるだろう。

それでは次節において，二次障害，および併存精神障害概念と制度の狭間の課題における仮説を提示したい。

第3節 「二次障害」概念から捉える「制度の狭間」

先行研究の詳細な議論は加藤（2017, 2022）に譲るが，ひきこもり概念や二次障害，併存精神障害概念についての理論的検討を通して，以下のことを確認した。すなわち二次障害として，周囲からの注意や叱責，からかい，無視など不適切な関わり方・対応などのために，ひきこもりや非行，無気力，自信喪失，自己評価・自尊感情の低下や，周囲の働きかけを被害的，迫害的に解釈しがちになるなど対人関係の歪みや適応上の問題を引き起こす[4]。

さらに二次障害は，精神障害発現の推進力となることも指摘されている（齊藤 2010）。統合失調症や気分障害，不安障害，強迫性障害，パーソナリティ障害など併存精神障害が合併し，これらが深刻化することで「二次障害的な精神障害の症状によって発達障害の生来的特性を完全に覆われてしまった表現形で現れる」（齊藤 2010）のが，「関係性の課題」である制度の狭間の課題といえるのではないだろうか。そして，被害感を強く感じてしまうなど，二次障害は現在進行形で他者との関係性にも影響を及ぼしており，制度の狭間の課題は時間の経過とともに深刻化してしまうことも考えられる。そしてこれらの結果として，社会的孤立状態となってしまっているのではないだろうか。

これらのことから，「関係性の課題」である制度の狭間の課題に関して，次の2つの仮説を立ててみたい。

1. 発達障害などに伴う生育歴上の二次障害，および併存精神障害によって制度の狭間の課題が生じることがある。
2. 制度の狭間の課題によって現在における地域住民との関係性が悪化し，二次障害としてさらに深刻化することがある。

このことについて，CSW の個別支援事例を通して実践的検討を行ってみたい。なお，ここでは社協の事業を CSW の地域支援機能として位置付けシステム化し，個別支援と連動⁽⁵⁾させて制度の狭間の課題を抱えた人々に対して CSW が個別支援を展開している D 市社会福祉協議会（以下，D 市社協）CSW の個別支援事例を取り上げたい。⁽⁶⁾

第4節　社会的孤立事例からの実践的検討

前節で立てた2つの仮説について検討するために，D 市社協 CSW における3つの「社会的孤立」事例を取り上げる。具体的には，(1)発達障害の二次障害としてのゴミ屋敷，および動物の多頭飼育の事例，(2)発達障害の併存精神障害による家族不和の事例，(3)背景に併存精神障害が想定される近隣トラブルの事例からみていきたい。なお，CSW の介入についての議論は次章以降に譲るが，事例(3)については，地域支援と連動させた関係性への支援について考察するために，CSW の対応についても簡単に触れる。

■ 事例(1) 《ゴミ屋敷》事例から

CSW が配置され，近隣住民から「約10年前から気にはなっていた（気付いていた）が，どこに相談したらいいかわからなかった」と相談が入った。その人から紹介され E 氏の自宅へ訪問すると，「どうぞお入りください」「土足で構いません」と室内へ案内された（支援拒否などはなかった）。家の中には数十匹の猫がいた。冷蔵庫や電子レンジなどの家電製品は壊れており，台所も使える

状態ではなく，足の踏み場もなかった。決して多くは語らない人であったが，丁寧に話を聞くと，以下の状況にあることがわかった。

E氏は40代の男性である。もともと人付き合いが苦手で，人とのコミュニケーションがうまく取れなかった。幼い頃から友達付き合いもうまくできず，周りから馬鹿にされ，いじめられることもあった。また両親との関係も良くなかった。集中力が続かず，落ち着きのない，片付けが苦手な子どもであった。

社会人になり地元で営業の仕事をするも，人と話すのが苦手で解雇され，人と話さなくてもいい機械関係の技術職に就いた。しかし，派遣社員であり，数年おきに職場が変わるため，転居を繰り返さざるを得なかった。そのような中，現在の妻と結婚（事実婚）し長女が生まれるが，長女には知的障害があった。また妻はE氏との関係に不満を抱き，数年前に家を出て行った。

知的障害のある長女と二人で生活し，地域との交流も全くなく，生活困窮状態に陥っていた。必死に働くが，毎朝早く仕事に出かけ夜遅く帰ってくる生活で，食事はコンビニ弁当やペットボトル飲料ばかりであった。そのゴミの片付けも，分別方法がわからず，またゴミ回収の曜日はわかるが，決まった日時にゴミを出すことが（おそらくE氏の特性上）難しかった。そしてそのことを誰にも相談できず，数年の月日が流れゴミ屋敷となっていた。

また長女も，成人し福祉就労するも，友達付き合いもなく一人でいることが多かった。その寂しさも相まって，野良猫を拾ってきた。しかし猫は避妊手術がされておらず，気付いたら数十匹まで増えていった。その臭いがきつく，近隣住民から苦情がくるなどE氏は余計に誰にも相談できないような状況に陥り，さらにゴミは溜まっていった。

E氏との面接の中で「今後，どのような生活をしたいでしょうか」とCSWが尋ねるも，「今の生活で特に困っていることはありません」「私にとっては，これが普通です」と，生活の改善に対する意欲も減少していた。[7]

■ **事例(2) 《家族不和》事例から**

知人からCSWを紹介されたF氏（60代の男性）の妻から，相談があった。

相談内容は「精神疾患のある長男と夫の仲が悪く困っている」とのことであった。「ささいなことで喧嘩が絶えず，F氏に対して妻は手がつけられなくなることもあり，どうしたらいいだろうか」とのことであった。初回相談の際，F氏も車で待機しており，CSWが「よろしければお話を伺いたい」と声をかけるが「私は話すことは何もありません。妻から話を聞いてください」と言われ，つながることもできなかった。このため，その日は妻のみと面接し，またその後は長男も交えて，主に長男の将来など他の困りごとへの支援を検討するために面接を繰り返していった。その中で，ある日F氏が「私も話を聴いてもらいたい」と突如面接にやってきた。その際，F氏，妻，長男の3人と面接をすることとなったが，F氏の話が1時間以上も止まらず，その後はF氏のみ別日に面接することとした。これらの経緯を経て，F氏，妻，長男からの話を通して以下の状況であることがわかった。

　F氏はもともと片付けが苦手であったり，人の顔が覚えられなかったりして，またそれらについて度々怒られるなど，母子関係も良好ではなかった。成人し，結婚して長男，長女が生まれるが，長男は後に精神疾患を発症した。精神障害者保健福祉手帳を取得するが，「自分は障害者ではない」などと言い障害福祉サービスの利用を拒否していた。そして長男とF氏はことあるごとに喧嘩をし，その度にF氏は周りが手をつけられなくなるほど暴れてしまい，警察が介入せざるを得ない状況になったこともあった。

　また長女が結婚して家を出るも，F氏は長女の結婚相手を「悪い人ではないか」「自分の財産を狙っているのではないか」などと被害的に受け止めており，「自分のいうことを聞かない長女は，もういないものとして考えたい」と，長女との関係性もさらに悪化していた。

　妻との関係も悪く，口論が絶えない日々となっており，妻が障がい者相談支援センター（以下，支援センター）に相談するも，F氏は長男同様，支援センターの支援を拒否していた。

■ 事例(3) 《近隣トラブル》事例から

G 氏（50代男性）は，これまで近隣との関係は良好であったが，数年前から，隣人 H 氏（40代女性）との「ちょっとしたトラブル」をきっかけに，何かあると怒鳴る，監視するなどの行動をとるようになった。また行政職員が本人との接触を試みるも，支援にはつながらなかった。その後数年経ち，CSW が配置され，民生委員・児童委員（以下，民生委員）を通じて H 氏から CSW に相談が入った。

CSW は，事前に行政職員から当時の状況など「経過と対応」について情報収集をした。その後，支援会議を経て改めて行政職員と同行訪問し，G 氏本人と接触を図り，アセスメントを行った。それらをふまえ民生委員とともに H 氏宅を訪問した。H 氏の話を傾聴した後，CSW から「本人には周りの世界がどのように見えている可能性があるか」，また「他者からの関わりをどのように捉えている可能性があるか」について，二次障害概念などを用いて説明し，H 氏や民生委員とともに対応方法を検討した。すると H 氏や民生委員は「はじめてこれまでの G 氏の言動の意味がわかった」「一番不安が強いのは，私たちではなく G 氏ではないのか」と，G 氏に対する見方が，排除する考え方から「私たちで G 氏にできることは何かないか」という考え方に変わった。そこで民生委員の声かけにより，同じように G 氏のことで悩んでいる近隣数世帯で地域福祉学習会[(8)]をクローズな形で実施し，「診断をするわけではなく，あくまでいち疾患などに関する学習会」という形で，CSW から発達障害や二次障害，パーソナリティ障害などについての講話を行った。

そこで「自分たちにできることは何かないか」と話し合った結果，近隣住民で，社会人としてある一定の距離は保ちつつも「自分たちから G 氏へ挨拶をしよう」と決めた。それ以降，G 氏と顔を合わせると，これまでのように避けるのではなく，あたたかい声かけをするように近隣住民が変わった。これまで G 氏と居合わせるのを避け「生活しづらかった」H 氏ら近隣住民は，自分たちから挨拶をすると皆で決めたことで「気持ちが前向きになれた」という。次第に G 氏も自ら近隣住民に話しかけるようになるなど変化が見られ，最終的に

トラブルは減少していった。[9]

第5節　「社会的孤立・排除の生活史モデル」と
「二次障害の相互作用モデル」

事例(1)ではゴミ屋敷の背景として，E氏には，もともと物を片付けることが苦手であったり，人とのコミュニケーションがうまくとれなかったりなど，ADHDや自閉スペクトラム症などの発達障害の特性があると考えられた。[10] それに加えて，幼い頃には友達から馬鹿にされ，いじめられ，両親との関係も良くなく，また社会人になってからは，営業の仕事を解雇されたことなどによる二次障害として，生活意欲の減退や家族関係の悪化などが見受けられた。地域住民とも関係が悪化し，誰にも相談できず孤立状態に陥り，これらの結果としてゴミ屋敷となり，さらに深刻化し続けている状況であった。加えて，ゴミ屋敷の背景には，併存精神障害の一つである強迫性障害の「ためこみ症」があることもあり，強迫的に物を集めてしまう事例も考えられるだろう。[11]

同様に，事例(2)では家族不和の背景に発達障害の影響が見受けられた。またこの事例では，F氏は併存精神障害として双極性障害を発症していたことも確認された。そしてその症状として躁状態となり，家族との関係性が悪化している可能性が考えられた。同時に，周りとの関係性を迫害的に解釈し，支援も拒否するなど，二次障害として，現在の他者との関係性においても困難を抱えている状況であった。[12]

加えて，家族不和の背景には，発達障害だけでなく，併存精神障害の一つである統合失調症による被害妄想や，パーソナリティ障害など何らかの精神疾患が存在する可能性も考えられるだろう。これは事例(3)でも同様であり，G氏は併存精神障害として，パーソナリティ障害など何らかの精神疾患により近隣トラブルを引き起こしていた可能性が想定された。このような事態に対して，CSWが地域支援（地域住民に対する支援）と連動した関係性への支援として地域福祉学習会を行い，地域住民から本人への対応を変えることでトラブルが減少したことが確認された。

第1章 「制度の狭間」にある課題を捉える

社会的排除はプロセスとなって，長い間負の連鎖の影響を与え続けていると考えられる（川島 2017a）。すなわち，長い期間にわたって社会的排除が常態化し，当事者に負の影響を与え続けていることも考慮される必要がある。このことからCSW の個別支援におけるアセスメントでは，対象者の生活問題だけに焦点をあてるのではなく，その生活問題が起こる背景を探る広い視点を持ち，過去・現在・未来に及ぶ広い時間軸を用いて背景を探る必要がある（川島2017a）。とりわけ様々なニーズを抱える本人の地域生活を支えるためには，その人の生きづらさがどのように重なり合いながら本人の生活に影響を及ぼしてきたのか，また現在の生活にどのような課題をもたらしているのかなど「時間軸を用いた解きほぐし」が必要になるとされる（川島 2017b）。

これらのことからここで，序章第3節で確認した「社会的現実の過度な単純化」（見田ら編 2004）に注意しつつ，これまでみてきた社会的孤立事例について図1-2のようなモデルで捉えると，生育歴上の二次障害や現在における他者との関係性による二次障害を含め，制度の狭間の課題を抱え社会的孤立状態にある人々を取り巻く社会的排除を含めた種々の状況が整理できるのではないだろうか。[13]

つまり，制度の狭間の課題を抱える人々の状況を，背景も含めて以下のように捉えることが可能になる。

① 発達障害などの「生きづらさ」があるだけではなく，

→② それら生きづらさに対する家族や友人・知人，地域住民など周りの人々の無理解・無配慮による不適切な対応（注意叱責，からかい，無視など）が繰り返され，内的世界における生育歴上の二次障害として，自己評価・自尊感情の低下，歪んだ認知や病的な判断等の対人関係の歪みや適応上の問題──例えば，周囲の働きかけを被害的，迫害的に解釈してしまう──を引き起こしている。

→③ さらに統合失調症，うつ病，双極性障害，不安障害，強迫性障害など「併存精神障害」が合併し，深刻化することで，

→④ ひきこもり，ゴミ屋敷など制度の狭間の課題を抱えるに至るのではない

49

→：時間軸

図1-2　社会的孤立・排除の生活史モデル（筆者作成）

かと考えられる。
→⑤　そして，制度の狭間の課題を抱えることによる家族関係の悪化，近隣トラブルなどが起き，現在（外的世界）においても他者との関係性における二次障害が生じ，社会的孤立（あるいは社会的排除の）状態となっている。

　このように，制度の狭間の課題を抱える人々の状況（④）に対して，時間軸の概念を導入し，前後の経過（①から③，および⑤）を含めて可視化しようとしたものが図1-2である。そしてこの②，⑤の二次障害によって社会的孤立となっている（あるいは社会的排除の状態にある）対象者について，二次障害と他の相互作用に着目して改めて①から⑤を整理すると，図1-3のように示すことができる。すなわち，図1-2「社会的孤立・排除の生活史モデル」では「生きづらさ」（①）としたが，序章第2節（1）で触れたように，これは，発達障害や性的マイノリティ（LGBTQ）[14]など「少数がゆえに，それが当たり前，普通だと大多数（マジョリティ）から思われていないこと」と，その大多数（マジョリティ）の意識，すなわち「社会的障壁」――無理解・偏見による誤った対応を含む。そして大多数には「見えない」――との相互作用として，「生きづらさ」（①）が生じているのである（コラム⑤「多数派（マジョリティ）と少数派（マイノリティ）をめぐって」）。だからこそ，地域社会（意識）への同時一体的な

第1章 「制度の狭間」にある課題を捉える

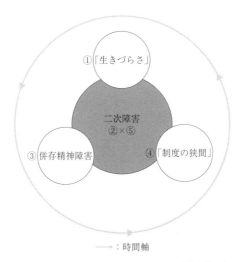

図1-3 二次障害の相互作用モデル（筆者作成）

働きかけが重要なのである（第3章以降で詳述）。

そして内的世界における生育歴上の二次障害（②）は，併存精神障害の発現（③）や制度の狭間の課題が生じること（④）によって，相互作用を伴いさらに深刻化してきた。また，このように相互作用を伴って蓄積された二次障害は，現在における他者との関係性によってさらに悪化する（⑤）など，本人の内的世界における二次障害（②）と，外的世界における二次障害（⑤）も相互作用を伴うのである。より明確に述べるのであれば，①から⑤は階層的に存在するのではなく，常に相互作用を伴い，（本人の内的世界において）二次障害（②）として蓄積されてきており，また現在も（外的世界における他者との「関係性」の中で）蓄積され続けている（⑤）のである[15]。そしてその結果，対象者の「生きづらさ」（①）はさらに増大しているのである。

このように社会的孤立・排除を捉えると，現象化している問題のみへの対応では不十分だと考えることができるだろう。たとえるならば，社会的孤立事例を捉える視座として，現状，図1-3を右下からみる視点からしか捉えられていない可能性があると考えられ，現象化している問題が前面に見えているとい

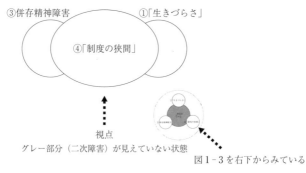

図1-4　現象化している問題のみへの着目（筆者作成）

える（図1-4）。

　もちろん，そもそも併存精神障害に対して医療的介入がなされていなかったり，その背景にある発達障害などが見逃されていたりすることも決して少なくはないと考えられるため，これらの可能性についても専門職がアセスメントし，介入することも重要であろう。しかしこのような「現象化している問題のみへの着目」では支援に限界があり，家族や地域住民が（また時に「支援者」も）本人の発達障害などの「生きづらさ」を諸課題の原因とみなしてしまうなど，「個人モデルへの固着」をも生じさせ得るだろう。このため二次障害を含め，俯瞰的に（図1-2，および図1-3のように）社会的孤立・排除を捉える必要があると考える。すなわち，単に「制度の狭間を埋める」ための支援（制度の狭間の課題（④）に対するコミュニティワーク的介入）や，併存精神障害などに対してのみへの対応（「生きづらさ」（①）や併存精神障害（③）への受診勧奨など）だけではなく，生育歴についても十分にアセスメントし，これら2つの二次障害，すなわち内的世界における生育歴上の二次障害，および外的世界における現在の二次障害に対して，コミュニティ"ソーシャルワーク"を展開していく必要性が示されるのではないだろうか。事例(3)のように，外的世界における現在の二次障害が緩和されることで，併存精神障害の症状が和らぐこともあると考えられる。

　さて，ここで論点を整理したい。これまでの議論を踏まえて，図1-2を表

第1章 「制度の狭間」にある課題を捉える

表1-1 社会的孤立・排除の生活史モデル（筆者作成）

①「生きづらさ」と周囲の対応	もともとの発達障害などに加え、「生きづらさ」に対する家族や友人・知人、地域住民など周りの人々の無理解・無配慮による不適切な対応（注意や叱責、からかい、無視など）が繰り返される。
②生育歴上の二次障害	対人関係の歪みや適応の問題（自己評価・自尊感情の低下や歪んだ認知、病的な判断）が生じる（例えば、周囲の働きかけを被害的、迫害的に解釈してしまうなど）。
③併存精神障害	二次障害は併存精神障害発現の推進力となり、統合失調症や、うつ病、双極性障害などの気分障害、不安障害、強迫性障害、パーソナリティ障害などが合併する。
④「制度の狭間」の課題	併存精神障害の悪化により、ひきこもり、近隣トラブル、ゴミ屋敷など「制度の狭間」の課題を抱える。
⑤現在の二次障害	ひきこもることによる家族関係の悪化、近隣トラブルやゴミ屋敷状態による近隣住民との関係悪化などが起き、現在も他者との関係性における二次障害が生じている。

で示したものが表1-1である。なお、先述のとおり①から⑤は階層的なものではないことに注意したい。

ポイント

　ここまでの議論のポイントとして、以下の3点を挙げておきたい。
　・個人モデルとしての「前提としての生きづらさ」ではなく、二次障害に着目すること
　・関係で生じたダメージは、関係によって修復し得ること
　・二次障害としての「被害感」に着目すること
　先述のとおり「社会的孤立・排除の生活史モデル」において「生きづらさ」と記述しているが、二次障害の結果として「生きづらさ」が生じているのである。支援においても、それら「生きづらさ」や併存精神障害、現象化している課題としての制度の狭間の課題だけでなく、生育歴上と現在の二次障害にも着目する必要がある。すなわち、過去から現在に至るまでの「他者との関係性」に着目するのである。言い換えれば、支援の対象はその「個人」だけでなく、「個人の内的世界からみた他者との関係性」や、家族・地域住民など「他者」（との実際の関係性）へのアプローチをも志向できるのである。
　そして、関係で生じたダメージは、関係によって修復し得るのである。ここに、コミュニティソーシャルワークの展開可能性が秘められていると考える。

このような考え方を基盤として本書では，とりわけ第5章以降では二次障害としての「被害感」へ着目し，コミュニティソーシャルワーク実践理論のあり方を検討していくが，このような被害感（あるいは二次障害）は，制度の狭間事例に限定されるものではなく，様々な実践現場においても見受けられると考えている。ぜひ，この「社会的孤立・排除の生活史モデル」や「二次障害の相互作用モデル」の考え方をふまえつつ，その応用可能性を探りながら読み進めていってほしい。

　このような課題認識の範型としてのモデルによって社会的孤立・排除を捉えることの意義としては，次の4点が挙げられる[16]。

① 　現象化している問題・課題のみへの着目を防ぎ，支援者側が潜在化している問題を探る姿勢を引き出すこと

② 　これまでの生育歴・生活歴を重要視して，どのタイミングで支援者が介入できたか，あるいは介入する必要があったかの検証を可能にすること

③ 　将来において，どのような二次障害が生じる可能性があるかを想定し，問題の複雑化を防ぐことができること

④ 　「誰かが誰かを排除する」プロセス（岩田 2008）として社会的排除を捉えるものであり，支援の焦点，あるいは問題の所在を個人に求めず，支援においても多角的な視点を提供できること

　加えて，二次障害へ着目した支援の展開では，「制度やサービスを当てはめる」ことを支援の目的，あるいはゴールとしていない。他者との「関係性」への支援を議論の俎上に載せて支援を行うということである。この「関係性」には，支援者との関係構築も含まれるだろう。このように考えると，制度やサービスの紹介はあくまで支援の「いちツール」であり，関係構築に向けた「いち手段」であるといえよう。多職種連携を基盤として支援を展開する中で，対象者が他者への信頼を得ていく，あるいは取り戻していくことも，非常に重要な意義があるといえるのではないだろうか。

　また二次障害に対する支援の重要さは，PTSDに関しても同様に考えられる。フェレンツィ（2000）は，虐待を受けたことだけでなく，必要とする助けが得

られず「ひとりでいること」も外傷体験となり得るとする。小澤（2007）も，トラウマの回復過程では「安心して寄り添ってくれる誰か，話を聴いて受けとめてくれる他者の存在によって，安心感，安全感が生じ，否定的な感情や思考を中和する」ことが重要であるとしている。水島（2011）も，「安心できる環境を提供したり，話を聴いて肯定したり，本人が希望することをやってあげたりすることによって，『自分，身近な人，世界への信頼感』がとり戻されて」いくとして，「衝撃的なできごとのあとに PTSD を発症するかどうかを予測する最大の要因は，身近な人による支えの有無」だと述べる。つまり，できごとそのものだけでなく，トラウマ体験後の支援がどのようになされたかが重要であるとされる。このことからも，他者との関係性における二次障害に対して支援を行うことの重要性を確認できるだろう。トラウマの「環状島」モデルを提唱する宮地（2013）も，対象者が苦悩の声を聴いてもらえるか，支援を受けられるかどうかは，「声の受け手であり，支援の支え手である社会のあり方によって大きく変わる」と，支え手としての社会のあり方の重要性を指摘する。

　加えて，「トラウマ体験そのものの記憶が苦しいという以上に，現在の『生きづらさ』が一番の苦しみ」（水島 2011）だと感じることもあるとされることから，生育歴上の二次障害だけではなく，現在における二次障害にも目を向けることも同様に重要であることがわかるだろう。

　また当事者の立場からは，大人の発達障害の最大の問題は二次障害であることや，診断で見過ごされてきた中高年の発達障害者が多数いることが指摘されている（凪野 2024）。加えて子どもへの支援の議論として，発達障害と二次障害との「連続性」について指摘している小栗（2010）は，「出生後の経験に根ざした学習がすべての鍵を握っている」として次のように述べる。発達障害には，中枢神経起源のハンディキャップが想定されるが，二次障害発生のメカニズムは経験学習によるものである。すなわち子どもを取り巻く環境——子どもの成長および福祉のための家族や，その家族を包んでいる環境，すなわち地域社会を含む——への働きかけによって「二次障害はいくらでも予防できる」のである。このように二次障害へ着目する意義について強調し，「社会的孤立・

排除の生活史モデル」における生育歴上の二次障害，および現在の二次障害への支援や予防ができる可能性を示唆しているといえる。

　以上，CSW による社会的孤立支援において，どのような枠組みで制度の狭間を捉えるかという，主にソーシャルワーク理論モデルについての検討を行った。それにより，制度の狭間を「関係性の課題」として捉え，その背景にある生育歴上の二次障害や，現在における地域住民など他者との関係性における二次障害に対して支援を展開していく重要性を確認した。次章では，重層的支援体制整備事業を活用し，これら二次障害への支援や予防をいかに体制として展開できるのか，その展開可能性についてみていきたい。

コラム⑤　多数派（マジョリティ）と少数派（マイノリティ）をめぐって

　本書では，社会的障壁の問題を扱う。ここまでに述べたように，「少数がゆえに，それが当たり前，普通だと大多数（マジョリティ）から思われていないこと」と，その大多数の意識，すなわち「社会的障壁」（無理解・偏見による誤った対応を含む）との相互作用として「生きづらさ」が生じると考えている。そして，この社会的障壁は，大多数（多数派）には「見えない」のである。

　この多数派について，社会学者の故・ケイン樹里安は，「気づかず・知らず・みずからは傷つかずにすませられることこそ，マジョリティ（多数派）のもつ特権」であると述べている（ケイン・上原 2019）。ここで，改めて多数派-少数派をめぐる議論について考えてみると，以下の3点が含意されているといえる。

　① 社会的障壁は大多数には「見えない」ということ

　これまで述べてきたように，社会的障壁は大多数には見えないため，「気にしなくてすんできた」ことがあるだろう。ここには，筆者自身の自戒の念も込めて，時に支援者も社会的障壁になり得るということを指摘したい。

　これまでみてきたように，二次障害支援においては，身近な人による支えの有無や支え手としての社会のあり方が重要である。例えば，コラム④「現象化している課題と背景のニーズの違い」でみたように，表明されたニーズのみに着目し，そのニーズに自身の所属する機関や窓口の提供するサービス，制度が合致しない場合，安易に「断る」相談員がいたらどうだろうか。あるいはコロナ禍において，「うちのクラスに経済的に困っている子どもはいない」と考えている（そしてそれを公言する）教員がいたらどうだろうか。

誰かに「相談をする」ということは，とても勇気がいることである。相談者は，いわゆる「支援者」（とされる人々）のことを非常によく見ているのである。「この人は，きっとこの話をしても否定せずに受け止めてくれるだろう」と思えてはじめて相談につながることもあるのである。相談してくれたら，それは相談相手を「信頼してくれている」のだから，「話してくれてありがとう」と応じるべきであり，だからこそ我々「支援者」は，常に社会的障壁に自覚的であるべきではないだろうか。そして「見えない」からこそ，当事者と「ともに」社会的障壁の除去に努めること（序章第2節（1））が重要であると考える。

② 誰しもが，多数派，もしくは少数派に位置する可能性があるということ

ある文脈でいえば，人は多数派にも少数派にも位置することがあるのではないだろうか。例えば，障害当事者は，LGBTQの文脈でいえば多数派に位置することもあるだろう。LGBTQの当事者は，国籍の文脈でいえば多数派に位置することもあるだろう。すなわち誰しもが無自覚的に多数派の考え方をしてしまうということである。

しかしここには，文脈は違えど，共通の「生きづらさ」があることを強調したい。多くの人は，悩み苦しんできた過程で「なんで自分だけがこんなに悩み，苦しむのだろう」「他の人は，気にも留めていないのに」と感じたことがあるのではないだろうか（少なくとも自分にはあった）。あるいは将来，そのように感じることも往々にしてあるだろう。だからこそ，「生きづらさ」や社会的障壁は「わからないことがある」と同時に「想像し得る」（決して他人事ではない）のである。

③ 意識化のプロセスが重要であるということ

ここまで①では，支援者は社会的障壁に自覚的であるべきこと，②では，「生きづらさ」や社会的障壁を想像することの重要性について触れてきた。ここには，社会モデルの考え方が通底している（第3章で詳述）。

一方，「当事者も個人モデルの考え方をしてしまう」可能性があるともいえるのではないだろうか。すなわち，他者との関係性の中で二次障害が生じてきているが，そこには見えない強弱関係があり，「自分が悪いから」という考えが押し付けられてしまい，その考え方が無意識に常にその人と「ともに」あることもあるのではないだろうか（第3章第1節）。

ここでは「意識化のプロセス」が必要であることを強調したい。つまり，「少数がゆえに，それが当たり前，普通だと多数派（マジョリティ）から思われていない」という中の「それ」は，その人にとっては「当たり前，普通」であり，「当たり前，普通」だと感じるのは当然であること，また病気や障害（の特性）と本人の人柄・性格

とは別であること，そして「苦しい経験をしたからこそわかる気付きの視点，同じ悩みを持っている他者に対してやれることや，その存在の大きさ」があることなどを伝えていきたいと考えているし，伝える必要があるのではないだろうか。

注
(1) 制度の狭間の例は枚挙に暇がないが，例えば厚生労働省の資料では「制度の対象外，基準外，一時的なケース」としている。本章では二次障害概念について検討していくが，例えば65歳問題など"文字通り"の制度の狭間にもそれらを規定するわけではないことに注意されたい。しかし多くの制度の狭間事例の背景に（二次障害の結果としての）「生きづらさ」があり，二次障害によって社会的孤立・排除に至る蓋然性（確実性）が高いと考え検討していきたい。

(2) ここではジャーメインの生活モデルの議論を取り上げたが，序章第2節（1）で確認したグローバル定義における学問的知見の扱いと同様，本書もジャーメイン以外の議論（例えばクライン派対象関係論）も重要視して論じていく。

(3) 内的世界（内的対象世界）とは，クラインが確立した対象関係論における概念であり，ここでの個別支援とは，二次障害による歪んだ認知や病的な判断などに対する対象関係論を援用した支援を指すが，詳細の検討は第5章以降に譲り，本章では概念の提示に留めたい。

(4) 二次障害概念については，二次的に生じた情緒的・心理的問題だけでなく併存精神障害を含む議論も見受けられるが，本書では便宜上，併存精神障害概念とは分けて論じていきたい。すなわち「周囲からの注意や叱責，からかい，無視など不適切なかかわり方・対応などのために，ひきこもりや非行，無気力，自信喪失，自己評価・自尊感情の低下や，周囲の働きかけを被害的，迫害的に解釈しがちになるなど対人関係の歪みや適応上の問題を引き起こすこと」を二次障害として論じていく。

(5) D市社協では，個別支援と地域支援を連動させ支援を行うため，筆者が「CSW計画書」を作成した。同計画書では，個別支援を「個人に対する支援」「家族に対する支援」「地域住民など他者から行う個別支援」の3つに分け，「地域住民など他者から行う個別支援」と地域支援との相互作用で支援を考えられるよう計画書を設計している（図1-5）。

(6) 川向・中谷（2016）は，浜松市におけるコミュニティソーシャルワーク事業について，「委託・受託関係の中では，浜松市行政の意向が強く反映される傾向があ」り，「委託元と委託先の関係性や事業の継続性，予算財源の問題など，コミュニティソーシャルワークにかかわる実践的議論からは次元が異なる事柄が優先課題とな

らざるを得ないところにジレンマが生じる」ことを挙げている。D市社協におい
ても，V＋1年度に大きな人事体制の変更があった。本章で取り上げる実践は，い
ずれも筆者がCSWとして所属したV年度までのものであることを断っておきた
い。

(7) 本ケースでは，家屋の清掃後にE氏から「家が片付いてはじめて，これまでの
生活が普通ではないことがわかりました」「これからは，これを維持していきたい
と思います」との話があった。このように，CSWの介入により生活意欲も回復し
ていることがわかる。

(8) 筆者がCSWとして実施してきた地域福祉学習会については，第3章にて詳述す
る。

(9) H氏は，とても「いい人」であった。読者の中には「このような理解のある地
域住民ばかりではないのではないか」と感じる人も一定数いるだろう。この点につ
いて筆者は次のように考えている。地域の中にH氏のような人は必ずいること
（コンフリクトが生じている場合，このような「いい人」は必ずしも声が大きくな
いため，すぐには見つからないかもしれないが），また人はいわゆる「問題行動」
の背景について解釈ができるようになると見方が変わり，その後の対応も変わり得
ることが重要であると考えている。この点については，第3章以降でさらに詳述し
ていきたい。

(10) ソルデン（2000）は，片付けられない女性にADHDを見出している。

(11) 土屋垣内ら（2015）は，ためこみ症（Hoarding Disorder）は，DSM-5で新たに
精神疾患として定義されたが，「『ゴミ屋敷』や『多頭飼育（animal hoarding）』」と
いった状態像は，通常，理解しがたい奇異なものとして，野次馬的関心の対象とな
ることが多」く，「DSM-5では新たに，ためこみ症という疾患概念が登場したが，
ためこみ症について本邦ではまだよく知られていない状況である」としている。

(12) なお，本事例では当初，家族（妻）が行政の相談窓口に相談していた経緯があっ
た。しかし「精神保健福祉手帳を持っている長男へのサービスの紹介はあったが，
家族関係に関する相談には『乗れない』と言われてしまった」とのことであった。
現在「断らない相談」が強調されるように，包括的な支援体制の構築によって早期
のニーズキャッチが可能となり，本事例においても本来は行政に相談があったタイ
ミングで「支援につながり得る」はずだったといえる。この点については，第4章
で再度触れることとしたい。

(13) 注(1)同様，社会的孤立事例全てにこの二次障害概念，併存精神障害概念を「当て
はめる」（もしくはパターン化，スティグマ化する）ことを企図するものではない
ことに注意したい。換言すれば，全ての社会的孤立事例が発達障害に起因すると断

59

定するわけではなく，また全ての発達障害のある人が将来「社会的孤立状態になる」ということも意味しない。ここでは，二次障害への着目により社会的孤立支援における新たな視座を見出せる可能性を検討し，その上で，支援の枠組み（第3章）や体制整備（第2章，第4章），実践理論（第5章，終章）についてさらに検討を深めていきたい。

⒁　近年，性的指向（Sexual Orientation）と性自認（Gender Identity）を示す表現として，これらの頭文字からSOGI（ソジ）という概念が用いられるようになってきている。性的指向と性自認は「誰にでも当てはまる」ものであり，セクシュアリティを取り巻く議論が少数派だけのものではないことを示すものである。

⒂　社会的孤立に関連して岩田（2008）は，社会的排除について次のとおり述べている。社会的排除は，「ある状態」というよりはプロセスである。社会的排除という言葉は「誰かが誰かを排除する」といった動詞として捉えられ，排除の原因と結果の連鎖のようなプロセスとして理解されており，「結果と原因がエンドレスの連鎖として示される」。この社会的排除概念と本書との関連は終章にて詳述するが，本書においても社会的孤立となるプロセスに着目し，とりわけ他者との関係性から生じる二次障害に焦点をあて検討を進める。加えて，これら二次障害は「原因と結果の連鎖」として，併存精神障害の発現や制度の狭間の課題が生じることによって相互作用を伴いさらに深刻化すると考え，「相互作用モデル」とした。

⒃　これらの意義については，筆者が非常勤講師として地域福祉論を教えている名古屋市立大学での講義において，「社会的孤立・排除の生活史モデル」を提示しつつ，学生とやり取りをする中で気付かされたものである。講義を受け，筆者の伝えた「想い」に応答してくれた学生らに感謝したい。

第 1 章 「制度の狭間」にある課題を捉える

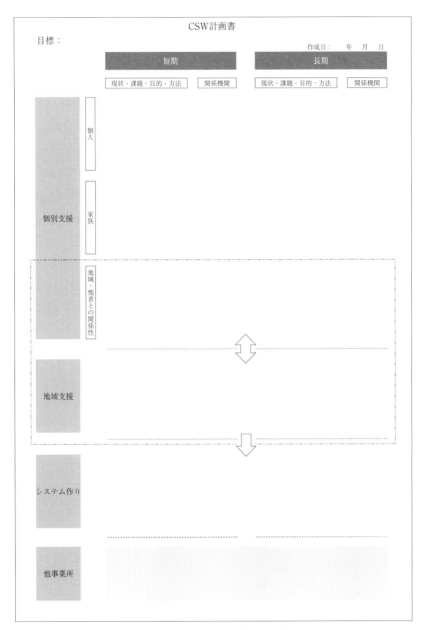

図 1-5　CSW 計画書（筆者作成）

第2章	重層的な伴走型支援を展開する

　前章では，CSW による社会的孤立支援における支援の焦点について検討した。すなわち制度の狭間の課題を抱え社会的孤立状態にある人々を「どのような枠組みで捉えるか」という，主にソーシャルワーク理論モデルについての検討を行い，「社会的孤立・排除の生活史モデル」「二次障害の相互作用モデル」として整理した。これにより制度の狭間を「関係性の課題」として捉え，その背景にある生育歴上の二次障害や，現在における地域住民など他者との関係性における二次障害に対して支援を展開していく重要性を確認した。

　これらの議論を引き継ぎ，本章では，重層的支援体制整備事業を活用し，市町村単位でいかに二次障害支援，および予防ができるのかという点について考察していきたい。またその前提として，重層的支援体制整備事業は包括的な支援体制の構築を見据えた事業であることを確認しておきたい。そしてこの包括的な支援体制の構築のためには，ニーズの「早期発見」だけでなく，そのニーズがきちんと専門職へ，そして支援へと「つながる」ことが重要であることを，ここでは強調したい。すなわち，すでに発見・把握されているニーズをきちんと「つなげる」ルートが体制として整備されていることが肝要である。このような観点から，二次障害の支援や予防のためには，とりわけ子どもに関しての全数把握が可能な学校との協働が重要であると考え，そのあり方について考えていきたい。

　これらのことを前提に，本章の目的は，中学校を卒業後，進学や就業に至らず，学校や職場などの所属がなくなる恐れがある者や，様々な要因から高校等を中退する恐れが高い者など「継続した支援が必要にもかかわらず，支援につながらない，あるいは卒業を機に支援が途切れてしまう可能性のある中学生，およびその世帯」に対する CSW のあり方や機能について考察し，二次障害支

援・予防としての「重層的な伴走型支援」の展開可能性を探ることである。このため，本章ではまず不登校や高校中退，ヤングケアラーなど，子どもを取り巻く状況を概観していく（第1節）。その上で，重層的支援体制整備事業と伴走型支援や（第2節），本書全体でも重要な概念として取り上げる「のりしろ」概念について確認する（第3節）。その上で中学校とCSWとの協働事例から実践的検討を行い（第4節），二次障害の支援・予防としての重層的な伴走型支援の展開可能性を探っていく（第5節）。

なお本章では，発達障害などに伴う二次障害で現に苦しんでいる子どもの事例が出てくるように，二次障害への「支援」について述べている。しかしここでは，それ以外の問題・課題で悩んでいる子ども，あるいは世帯の事例も取り上げている。この理由は，これらの事例への対応が二次障害の「予防」につながる点を重要視しているためである。体制としての二次障害支援・予防の取り組みとして，また重層的支援体制整備事業を活用した学校との協働事例としても，ぜひ参考にしてほしい。

第1節　地域で子どもとつながり続けるための縦・横の連携

2022年度の中学生の不登校者数は19万3,936人，在籍生徒数の5.98%（前年度16万3,442人，5.00%）と10年連続で増加し，過去最多となっている。また2022年度の高校中退者数は，ピーク時の1990年度12万3,529人（2.2%）に比べて4万3,401人（1.4%）と減少傾向にあるも，昨年度から4,473人増加するなど依然見過ごすことできない人数である。中退の主たる理由としては，進路変更が1万9,055人（43.9%）と最も多いが，学校生活・学業不適応1万4,253人（32.8%），学業不振2,600人（6.0%），また家庭の事情1,424人（3.3%），経済的理由617人（1.4%）など（文部科学省初等中等教育局児童生徒課編 2023），必ずしも本人に要因があるとは限らない事由による中退も見受けられる。裏を返せば，本人や世帯支援を通して予防可能であると考えられる。

「不登校生や保護者に寄り添う一方で，卒業後に無所属となった事例や，高

校入学後に早期中退した事例を多々見聞してきた」として，田中（2022）はスクールカウンセラー（以下，SC）の立場から次のとおり述べている。不登校や中退経験者は無業率と非正規雇用率が高く，進路形成のキャリアの問題を抱えている。しかし先行研究も少なく，議論そのものが黎明期（これから始まろうとしている時期）にある。そして「学校，教師らは支援において不登校生の卒業後の困難を予測するという意識が低く，支援が十分に行われていない」と指摘している。

　不登校や高校中退に関する問題に加えて，近年，ヤングケアラーに注目が集まっていることが確認できる。2021年に行われた全国調査では，中学2年生の5.7％，全日制高校2年生の4.1％，定時制高校2年生相当の8.5％，通信制高校（学年は問わず）の11.0％が「世話をしている家族がいる」と回答している（三菱UFJリサーチ&コンサルティング編 2021a）。その全員が必ずしもヤングケアラーであるというわけではないが，定時制・通信制高校では中学校と比べてその割合が上がるなど，支援の継続性が担保される必要がある問題の一つといえよう。そして，例えば全日制高校2年生では自分の時間が取れない（16.6％），宿題をする時間や勉強する時間が取れない（13.0％），睡眠が十分に取れない（11.1％）など，学校生活・学業不適応，学業不振などにより高校中退にもつながることが考えられる。

　これら子ども支援の必要性の高まりから，全ての子どもが通う学校という場に様々な支援を投入するという，学校を「地域に開かれたプラットフォーム」と位置付ける考え方が注目されている（内閣府編 2019；山野 2018）。学校は子どもたちを全数把握しているからこそ予防機能を持つことから（山野 2015），貧困，孤立，虐待，不登校など「悲惨な子どもや家庭の状況をいち早くキャッチできる可能性がある」とされる。一方，教員が「ちょっと気になること」などニーズに気付いたとしても，「自分では対応しきれない，家庭の問題だからとやむをえずにふたをする」こともあり，それらを拾い対応する，つないでいく仕組みが現状の学校にはないことが指摘されている（山野 2018）。すなわち「教員は気付いていても，適切な支援につながっていない」というニーズの潜

在化の課題を指摘できる。

2017年の学校教育法施行規則の一部改正によってSCやスクールソーシャルワーカー（以下，SSW）の職務が新たに規定されるなど，「チーム学校」として学校内の組織，マネジメント体制の強化が図られてきた。加えてコミュニティスクールなど地域との協働も強調され，専門職連携だけでなく地域で子どもを支える取り組みが推進されてきた。

2018年改正の社会福祉法では，「教育」や「地域社会からの孤立」が地域生活課題として新たに位置付けられ，これらを把握し，関係機関と連携して解決を図ることが地域福祉の推進に当たって留意するものであると明記された。このことからも，学校や地域の中で子どものニーズをキャッチし，教育と福祉の連携を基盤として，地域とも協働して支援していくことの重要性が見て取れるだろう。また，このような学校・専門職・地域という「横の連携」に加えて，ライフステージの変化を見据えた「縦の連携」も重要であろう。先の学校プラットフォームに関して山野（2018）は，就学前後における保健，教育，福祉分野の「切れ目のない支援」の重要性について述べている。しかし，小1・中1プロブレムなど小中学校入学時における諸問題についての議論はみられるが，田中（2022）も指摘するように，中学校卒業後を見据えた途切れない支援の必要性やその方法論については，十分に議論されていないのではないだろうか。

以上のことから本章では，例えば「中学校では全欠席で，高校進学等せず自宅にひきこもってしまう子ども」等だけでなく，上述の「ニーズの潜在化の課題」などにより適切な支援につながっていない生徒についても対象として，中学校卒業後を見据えた支援の継続性の担保を重要視し，その「体制」のあり方について論じていく。適切な支援につながらなかったり，支援が途切れてしまったりすると，たとえ進学したとしても中退などのリスクは高まってしまうだろう。そして所属がなくなると，本人や家族が自ら声をあげない限り，介入が難しくなることが考えられる。

また，卒業後所属がなくなることは，将来の社会的孤立にもつながるといえる。玄田（2013）は，最終学歴が中学卒の人々の孤立無業の割合は，抜きん出

て高くなっていることを挙げている。また社会的孤立に関わる公的支援に関する課題の一つとして，谷口（2021）は，「卒業後，中退後どうなったかわからないといった年齢ごとの縦割り」が支援からの離脱や孤立を生む要因となっていることを指摘し，伴走型支援やアウトリーチの必要性について述べている。次に，伴走型支援をめぐる議論についてみていきたい。

第2節　伴走型支援に向けた体制の整備

　社会的孤立支援においては，課題解決を目指すアプローチとの支援の両輪として伴走型支援が重要とされる。これは，つながり続けることそのものに意味を見出した実践概念であり，「生きづらさの背景が明らかでない場合，自己肯定感や自己有用感が低下している場合，8050問題など課題が複合化した場合，ライフステージの変化に応じた柔軟な支援が必要な場合などに有効である」と考えられている（地域共生社会に向けた包括的支援と多様な参加・協働の推進に関する検討会（以下，地域共生社会推進検討会）編 2019b）。今後「伴走型支援を具体化する取組を強化していく必要がある」ことが強調される一方，学術的にも定まった方法論が確立されておらず，新しい支援論の一つとして理念や仕組みを構築していく過程にあることも確認できる（奥田・原田編 2021）。

　これまでみてきたように，社会的孤立支援の重要性の高まりの中，2021年改正の社会福祉法では包括的な支援体制の構築に向けた重層的支援体制整備事業が創設された。本事業では相談支援，参加支援，地域づくりに向けた支援を一体的に展開することが求められている。これは「個別支援と地域支援の一体的展開」という意味でまさにコミュニティソーシャルワークそのものであり（原田 2021），コミュニティソーシャルワークが展開できるシステムを構築していくことと同義である（原田 2022）。また本人の同意が取れない事例を含め，仕組みとしてアウトリーチができる体制を整えていくことも重視されているとみることができるだろう。

　ここで，CSW をめぐる議論についても改めてみていきたい。序章で確認し

たように，CSW には制度の狭間の課題を解決・緩和するソーシャルワーク実践（熊田 2015）や，公的機関の支援の構造的な限界に対応するための包括的な支援体制整備における人材やシステム（菱沼 2020）として期待され，全国的に配置が進められてきた。また特定領域の相談支援だけでは対応が困難なためCSW が必要とされることから，対応するケースは複合多問題や制度の狭間の課題を抱えている場合が多いとされる（松端 2018）。しかし CSW に諸制度からもれ落ちた「狭間」事例が集約されるのみでは，出口のない中で疲弊しバーンアウトしていく状況から脱することもできないだろう（川島 2015）。コミュニティソーシャルワークという機能を展開できるシステムがあるかないかが課題（大橋 2005）だと指摘されてきたように，チームアプローチとしてのコミュニティソーシャルワークの重要性（松端 2020）も軽視できない。

　一方で，コミュニティソーシャルワークシステムにおける「専門職としてのCSW」に求められる役割も重要である。このことについて菱沼（2020）は次のように述べている。コミュニティソーシャルワークは多様な人々との協働によって生み出されるものである。その中で CSW に求められるのは，他の専門職では支援対象とならない個別ニーズの解決に向けて伴走していく個別支援であり，支援を必要とする人々が地域の中で孤立したり排除されたりすることのないよう地域支援へと結び付けていくことである。つまり CSW 実践においては，制度の狭間事例を受け止め，地域支援とも結び付けながら支援を展開し，並行してコミュニティソーシャルワークが展開できるシステム構築をも志向する必要があるといえるだろう。換言すれば，支援展開を通して包括的な支援体制の構築を図ることが重要であり，重層的支援体制整備事業が「包括的支援体制を構築していくためのエンジン」（原田 2022）と位置付けられていることと同様，CSW も重要な位置付けであるといえる。

　またこれらの議論は，先述の伴走型支援とも関連が深い。伴走型支援は長期間にわたって継続するミクロレベルのソーシャルワーク支援そのものだが，マクロレベルの地域包括支援体制の実現とあいまってこそ可能となる（黒田 2020）。すなわち専門職と地域住民が一体となって「つながり続けていける支

援体制」を構築していく必要があるといえよう。

第3節　支援の狭間と「のりしろ」

　これまで，中学校卒業後を見据えた途切れない支援（継続性の担保）の必要性や伴走型支援の概念，そして制度の狭間事例などへの支援展開を通して「伴走型支援が可能となる包括的な支援体制の構築を図る」という重層的支援体制整備事業における CSW の重要性について確認してきた。そもそも本事業は，課題が複数分野にまたがっているケースについて，分野の重なり合っている部分（重層的な部分）における協働がこれまで以上に機能すれば，より支援の可能性が広がるという点に着眼し，そのための支援体制を整備しようとすることが狙いとされる（三菱 UFJ リサーチ＆コンサルティング編 2021b）。

　ここで，継続的な支援の必要性に関連して，「支援の狭間」に関する議論についてみていきたい。第1章第2節（2）で触れたように，平野（2015）は，支援の狭間を「問題／ニードを抱えた対象者が，その問題解決／ニード充足に必要な手段・方法や資源がなく，要支援状態のままに置かれている状態」として，サービス提供量，内容など量的・質的な不足・不十分状態ではなく，制度の境界（守備範囲）と支援の限界の状態であるとした。そしてその上で，連携の重要性について次のとおり述べている。従前，社会福祉実践で論じられるチームアプローチは，それぞれの専門職の機能や役割分担を明確にし，できるだけ重複しないことが志向される「分業モデル」であり，職種間は「線的接合」による支援のリレーとなる。しかしリレーがうまくいかないと支援の断絶が生じるリスクがあり，これを回避するには，紙と紙を接着するときの「のりしろ」のような相互乗り入れ部分を組み込んだ「面的接合」（共業モデル）が必要である（図2-1）。

　また川向（2017）は，ソーシャルワーカー自身が利用者にとって最も身近な社会資源であり「制度」になり得ることから，制度としてのソーシャルワーカーが十分に機能しないことによってもたらされる状況を「支援の狭間」と定義

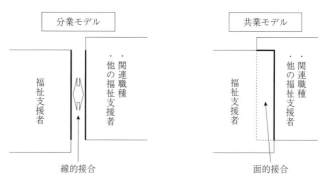

図2-1　連携・協働の類型（分業モデルと共業モデル）（平野 2015）

する。そして，連携・協働の前提として越境，すなわち「既成事実化した支援範囲やメニューから一歩踏み出す実践」に対するソーシャルワーカー自身の主体的態度が不可欠であると述べる。その上で，近年の社会福祉専門職種の細分化や縦割り化は，連携をバトンタッチ的な伝達や送致に矮小化し，ニーズの無責任なキャッチボールが繰り返されていること，制度の狭間のニーズに対する「キーパーソンの不在」が現実的問題となっていることを指摘し，連携・協働が十全に機能するためには，それぞれの機関・専門職が自身の専門性の「マージナルな活動領域＝裁量的活動領域」を広げ，それを連携の「のりしろ」として重ね合う有機的な連携関係（協働）の重要性を強調している（図2-2）。

　これらの論考から本章では，重層的支援体制整備事業におけるCSW実践においては，支援展開プロセスを通して「のりしろ」，すなわち「各機関で協働してできること」を"意図的に広げていく"ことが重要であると考え，そのあり方について論じていく。とりわけ伴走型支援は「日常」が舞台であり（奥田2021），子どもたちの日常の場である学校を通した支援の展開可能性を探ることは，未確立とされる伴走型支援の方法論を探る上でも重要な課題であると捉えている。加えて本章では，子どもの最善の利益を目指して学校現場でのソーシャルワークを担うSSWの重要性，必要性についての強い認識を基盤としつつ，地域という生活の場において総合的な生活保障を支援の第一義の目的として，家族全体の支援を視野に入れているCSW（野尻・川島 2016）の立場から探

第 2 章 重層的な伴走型支援を展開する

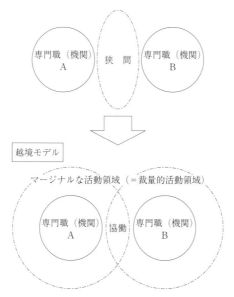

図 2-2 制度の狭間における連携・協働の前提となる「越境モデル」（川向 2017）

っていく。

第 4 節　中学校との協働実践

（1）支援を途切れさせないための支援体制に向けて

　本章は，I市社会福祉協議会（以下，I市社協）のCSW（筆者）とJ中学校の協働から実践的検討を行う。具体的には，W年度に筆者がCSWとして担当した62事例のうち，J中学校と協働した「継続した支援が必要にもかかわらず，支援につながらない，あるいは卒業を機に支援が途切れてしまう可能性のある中学生，およびその世帯」24事例を分析対象とし，どのように協働がなされたか（本節（2）），どのような事例が取り扱われたかを確認する（本節（3））。そしてその中の3事例を典型事例として取り上げ（本節（4）），中学校卒業後を見据えた重層的な伴走型支援の展開可能性を探りたい（第5節）。

　I市社協は，W年度から重層的支援体制整備事業（移行準備事業）をI市から

受託し，CSW を 3 名新規配置している[(3)]（W + 1 年12月現在）。また中学校卒業後に支援が途切れることで将来社会的孤立となる蓋然性が高いと考え，本事業における重要な実践の一つとして，行政担当課との合意形成のもと，I 市における学校・教育関係課とともにその支援，および支援体制の構築に取り組んでいる。

（2）中学校との協働体制を構築する

J 中学校では，夏休みなどの長期休暇を除き，毎週「生徒支援連絡会」（以下，連絡会）を開催している。連絡会では校長，教頭，教務主任，校務主任，学年主任，養護教諭等が参加し，生徒同士のトラブルや非行，いじめ，行事への参加状況，また不登校生徒の登校状況，生活困窮，ヤングケアラー等の生徒の状況について共有がなされている。なお，W + 1 年に入ってからは SC の，W + 1 年 4 月からは SSW の参加も得ることができるようになった[(4)]。

W 年度に CSW が新規配置されたことに伴い，連絡会に定期参加できることとなった。この背景には，元来，有志の地域住民が J 中学校との連携に努めてきたこと，ボランティア活動などを通した J 中学校と I 市社協の連携実績があったこと，市内小・中学校と I 市社協とのふくし共育を通した深い関わりがあったことなど，地域福祉の推進の基盤があった。

連絡会は毎週定期開催されるため，前週の様子を担任がまとめ，学年主任が連絡会で共有する。例えば，3 年生の生徒について担任が「1 年生の時のノートを使っているようだ」と世帯の貧困問題に気付くなど，何気ない子どもの言動からニーズをキャッチし，共有がなされる。それらに対して他の教員もそこで情報共有を図り，また校長等から対応についての助言がなされるなど「支援の方向性が全体化」（山野 2018）される場となっている。なお，虐待案件など緊急度が高い事例については，連絡会を待たずに個別で対応が図られている。例として，生徒から家庭環境について SOS が出され，担任がそのニーズをキャッチし校長先生に情報がつながった後，迅速に CSW へ相談がなされ，CSW チーム内で対応について協議をした上で，同日午前中に CSW が対象生

第 2 章　重層的な伴走型支援を展開する

徒と面接を行った事例もあった。

　連絡会内で，卒業後を見据えた支援が必要な生徒，およびその世帯については，校長や学年主任等から CSW へも支援依頼が入る。学校からの相談を受け付けた後，必要に応じて本人，保護者と面接を行うわけであるが，その事前準備として，CSW の対応としては例えば次のようなものがあった。

　第一が，I 市社協内関係部署からの情報収集である。支援センターや生活福祉資金担当など，これまでの介入歴がないか「経過と対応」を確認していく。ここで，過去に介入歴があった場合，丁寧に情報を確認しアセスメントを深めていく必要があるだろう。特に，支援が中断されていたらその理由を確認し，次の支援に活かしていく必要がある。また場合によっては，もともと関わっていた機関から改めてアプローチすることも検討可能だと考えられる。

　第二が，支援会議（社会福祉法第106条の 6 ）の開催である。複数の機関が関わる必要のある事例については，関係機関で支援会議を行う。そこで I 市担当課や支援センター等と教員をつなげ，アセスメントを共有し支援方針を検討していく。

　これらを経て，教員から保護者もしくは本人へ CSW を紹介し，希望された場合には面接に至る。その際，学校からは CSW を「J 中学校の福祉アドバイザー」と紹介し，学校組織とは独立した別の団体（I 市社協）の相談員であること，無料で気軽に相談できること，また個人情報保護の遵守等を伝え面接を促していく。なお，対象世帯によっては，CSW らの介入につながるまでに数か月の期間を要する世帯もあった。例えば，発達特性に伴う二次障害として強迫的な行為をしてしまう状況にありながらも，保護者の意向により相談を求めない世帯などである。これらの世帯については学校と随時情報共有を図り，保護者への声かけを継続するなど教員による伴走を中心に介入のタイミングを計っていった。

　また問題行動等の背景に障害が関係していると考えられる事例については，初回面接から支援センターの職員も同行するよう調整を図り，ともに面接を行った（ここでは，支援センター職員も（「障害者支援」の相談員ではなく）CSW と同様

73

に「J中学校の福祉アドバイザー」として学校から紹介してもらった）。加えて，基本的には教員にも面接への同席を依頼し，ともに話を聴き，支援方針を検討した。すなわちバトンタッチ的な伝達や送致，ニーズの無責任なキャッチボール（川向 2017）ではなく，在籍中から支援チームを作ることを企図した支援スキームであった。アセスメントを共有した上で支援方針をともに検討し，発達特性に応じた指導方法や，二次障害への対応として生徒自身の自己肯定感を高める声かけの方法，LGBTQ の生徒への配慮など「学校としても対応できること」についても協働し検討していった。

　なお，支援プロセスを通して中学校との協働体制を整え，W 年の年度末にその振り返りを行った。学校側からは「本人，保護者の気持ちをはじめて聴くことができた」「学校としても，まだまだ対応できることがあると気付いた」「地域の相談窓口がどういう役割を持つのかわかるようになった」「中学校として，小学校や高校等との情報共有も強化していきたい」「校長会などで，この教育と福祉の連携の取り組みを他の小・中学校へも広げたい」などの声があがった。[6]

（3）支援センターや地域住民との協働

　W 年度に J 中学校から相談のあった事例について，①支援センターとともに対応した事例，②CSW を中心に対応した事例，③その他，に大別し整理すると，表2-1のとおりであった。

①　支援センターとともに対応した事例

　14事例のうち5事例（うち4事例が支援級在籍）については，もともと支援センターが本人もしくは保護者と何らかの形でつながっていた事例であった。これらは担任，学年主任等と支援センターの担当職員とがつながっていなかったため，改めてつながる機会となった。また残りの9事例（うち7事例が通常級在籍）については，全て，新たに支援センターへつながった事例であった。これは裏を返せば，支援センターとして，また社協として介入できる状況にあった

第 2 章　重層的な伴走型支援を展開する

表 2-1　W 年度の相談実績の分類（筆者作成）

（単位：人）

分　類	1 年生	2 年生	3 年生	支援級	合　計
①　支援センターとともに対応	6	0	2	6	14
②　CSW を中心に対応	1	3	1	0	5
③　その他	0	3	2	0	5

にもかかわらず，これまで必要な支援につながっていなかった事例であった。具体的には，支援級に在籍し，二次障害の悪化等により問題化した事例が 2 事例，グレーゾーンにあったり親の意向などにより受診，診断につながっていなかった事例が 5 事例，保護者に障害があり子がヤングケアラー状態にある，貧困状態にあるなど世帯全体への支援が必要な事例が 2 事例であった（これらのうち 1 事例を（4）の事例(1)にて詳述）。この点について，支援センター職員も「まだまだ支援につながっていない子どもがこれだけいることにはじめて気付いた」とのことだった。

　また，支援プロセスを通して学校と支援センターの連携が強化されたことも確認された。教員と支援センターの職員とがつながり，CSW を介さずとも直接連携を図れるようになった事例や，これまで教員が「どこに相談したらいいのかわからなかった」という「潜在化していたニーズ」が新たに支援センターへつながる事例が複数見受けられた。

②　CSW を中心に対応した事例

　家族，友人関係等が原因と考えられる不登校が 2 事例，多子世帯におけるヤングケアラーが 1 事例，外国籍の生徒の居場所に関する相談が 2 事例であった。とりわけ，相談時に 3 年生だった不登校生徒は，卒業後も CSW がつながり続けながら，ニーズに応じて支援チームを作っていく必要があると考えられる事例である（（4）の事例(2)にて詳述）。またヤングケアラー状態にある生徒については，学校だけでなく民生委員，兄弟の通う小学校，地域のボランティア団体等とともに支援を継続している（W＋3 年 6 月現在）事例である（（4）の事例(3)

75

にて詳述)。

③　その他

不登校が4事例，一時的な希死念慮が見受けられた事例が1事例であった。これらは，CSWとも情報共有がなされたが，教員等を中心に介入していくこととなった事例であり，今後，卒業を見据えたタイミングなど，必要に応じ再度支援依頼が入る体制となっている。

（4）重層的な伴走型支援についての実践的検討

本節では，二次障害支援・予防としての「中学校卒業後を見据えた重層的な伴走型支援」の展開可能性を探るために，実践事例をさらに選定し，(1)支援センターとともに対応した3年生のヤングケアラーKさん，(2)CSWを中心に対応した3年生の不登校Lさん，そして(3)地域住民と協働して支援を展開しているヤングケアラーの2年生Mさんの3事例を典型事例として取り上げ，実践的検討を行う。

■ 事例(1)　ヤングケアラーの3年生Kさん

校長から「手紙を通して『死にたい』とSOSを出した生徒がいる。どうやら家族の世話などの負担も大きいようである。対応について一緒に検討してほしい」と電話相談が入り，介入に至った。CSW内で対応を協議し，まずは学校へ伺いKさんと話をすることにした。

同日，校長らとともにKさんの話を聴くと，母親に精神疾患があり入院歴もあること，現在も在宅介護が必要な状態であるが他の支援機関にはつながっていないこと，そして家事や母親の世話をKさんと同居の祖母が担っており，Kさんは「勉強する時間が取れない」「自分の時間がない」と悩んでいることがわかった。学校と協働しKさんも含めて世帯全体への支援ができることをKさんへ伝え，CSWや支援センターという相談窓口があることを伝えた。また支援センターへは，現時点ではKさんは直接の支援対象者ではない――す

なわち支援センター職員にとっての「本人」は母親――かもしれないが，K
さん自身の現状や想いを丁寧に伝え，支援への協働を依頼した。

　その後，祖母と面接の機会を持てるよう調整していたが，他の家族の病状悪
化もあり，なかなかその機会を作ることは難しかった。このためKさんから
の情報収集を継続しつつ，支援センターから母の通う医療機関を介して福祉サ
ービス導入を検討することとした。

　支援センターを中心に世帯支援を継続し，サービス導入に至った。また連絡
会を通して情報共有を図り，教員からKさんへの声かけや見守りを継続した。
ここで，卒業が間近となり学校による伴走が途切れることが想定されたため，
すでにKさんとつながっているCSWも同席のもと，卒業後のKさん自身の
相談先として支援センターへのつなぎを行った。

　決して母親の病態が大きく改善しヤングケアラー状態が全て解消されたとい
うわけではなかったが，卒業時に本人から学校へ「助けてくれる大人がたくさ
んいることを知って安心した。『助けて』と言って良かった」という声が聞け
た。進学した現在は，支援センターを中心にメッセージアプリを用いた相談や
面接を通して本人から話を聞きながら，サービス事業所を通した世帯全体の状
況確認を継続し，つながり続けている。

■ 事例(2)　不登校の３年生Lさん

　連絡会内で「１年生の途中から学校に通えていない生徒がいる。ひとり親世
帯で，家族が進路の話をすると，途端に不機嫌となり，話をすることもできな
い。学校としてやれることもなく，どうしたらいいだろうか」と相談があった。
まずは学校で，保護者と校長，学年主任，担任が話し合いの場を持つこととな
り，そこに「卒業後も相談可能な地域の相談員」としてCSWも同席すること
となった。

　面接当日，家族がLさんを誘い約２年ぶりに来校し，担任ともはじめての
顔合わせとなった。また現在の教室を案内したり，進路に関する資料を渡した
りし，保護者と今後の学校生活について話し合う様子も見られた。しかし担任

から本人へ再登校の意向を確認するも，その意向は示されなかった。そこでCSWが，Lさんと挨拶をした後，教員とは異なる立場の「地域の相談員」として，主にLさん自身の趣味や好きなことについて尋ねた。すると，ゲームや絵を描くのが得意であること，動物が好きで犬や猫を飼っていることがわかった。このことから，今後自宅にてまた話を聴きたい旨を伝え，了承を得ることができた。

　その後，月に数回のペースで訪問し，徐々に関係性を構築していった。またその中で，同居の祖父が過剰にLさんのことを心配する場面も見られ，適宜，祖父母とも面接を行った。

　CSWからは学校の話は一切せず，趣味の話を通してつながり続けることを目的として関わっていった。祖母からも「普段Lは誰とも話をすることがないから，（CSWが）来るのをいつも楽しみにしています」とのことだった。数か月経ったある日の訪問時，本人から「進路のことを相談したい」と話があった。これを受け，CSWから担任の先生へ「本当は，学校に行きたいと思う気持ちがあったのではないか」ということを伝え，つなぎ戻しを行った。その結果，「学校としてやれることがない」と言っていた教員が，「改めて，学校としてもできることをしたい」と，進学先の相談や応募書類の作成，面接の練習などの時間を定期的に持ってくれた。この事例では，本人の前向きな変化が教員の意識の変化をもたらし，両者の関係改善につながった。その後，学校での対応，CSWによる訪問を重ね合わせながら伴走を継続し，卒業に至った。

　進学に伴い中学校との関係は途切れてしまったため，卒業後はCSWが数か月に一度訪問し，本人の近況確認や祖父との面接を継続している。進学先で新しく友達もでき，アルバイトにも興味を示す様子を見て，祖父も「人が変わったように明るくなって安心した」と話している。また本人も「絵の勉強をしたいから，頑張って大学にも入りたい」との意向がある。そこで，本人が得意な似顔絵作成の技術を活かし，児童・生徒向けのCSW紹介チラシの作成を依頼しながらつながり続けている。

第2章　重層的な伴走型支援を展開する

■ 事例(3)　ヤングケアラーの2年生Mさん

　教頭から「自傷行為をしてしまう生徒がいる。理由を確認すると，年下の兄弟の宿題をみるなどの世話に追われ，『死にたくなる』とのことであった。兄弟の学習支援など，何か手立てはないだろうか」とCSWへ相談が入った。

　これを受け，CSWとしては，兄弟への具体的な支援だけでなく，Mさん自身の心のケアや親子関係のアセスメントも併せて必要であると判断し，支援会議を開催した。その結果，地域の学習支援，子ども食堂などの紹介を検討しつつ，まずは本人の心のケアとしてSCが定期的にカウンセリングを行うこととなった。また保護者の情報が少ないことから，教員が両親との接触を図り，親子関係について情報収集をしていくこととなった。

　SCの介入等により自傷行為は一定期間落ち着くものの，数か月経過し，進路をめぐり両親と揉めたことから再度自傷行為が見られるようになった。このことから，連絡会内でSCから対応について相談があり，改めてCSWも介入することとなった。

　進路について，Mさんには「盲導犬訓練士になりたい」「そのためにまずは進学したい」という意向がある一方で，両親からは，世帯の経済的状況や，未就学児を含め本人の兄弟が複数いることなどから「日中は家事，育児を手伝い，夜は働くように」言われており，Mさんは「自分の本当の思いを言えない」とのことであった。これを受け，CSWとして地域の盲導犬関連ボランティア団体（以下，団体）があることを教員へ伝え，団体の紹介を通して介入の糸口を探ることも可能であることを伝えた。教員を通して本人の意向を確認すると「参加してみたい」とのことで，団体と連携し，Mさんの参加に向けた準備を行った。また参加にあたっては，Mさんへは「I市社協のボランティアセンター担当職員」として自己紹介し，面接を行った。

　面接では，盲導犬訓練士になりたいと思うようになったきっかけを聴き，団体の概要を伝える中で，自然と進路や両親との関係についても話が及んだ。そして，Mさんから「親に自分の気持ちを伝えられない」「これまでも，（自分の気持ちを）言っても聞いてもらえなかった」と話があった。ここでは「もし

79

『進学したい』って言ったら，お母さんはなんて言うだろう」など，両親の懸念点（例えば，Mさんの聴覚過敏や退学の可能性）やそれに対するMさんの認識，進学希望先の対応などを一緒に確認し，本当の気持ちを両親に話せるようエンパワメントを図った。

　夏休みに入り，Mさんは実際にボランティア活動に参加し，視覚障害のある当事者や盲導犬訓練士，他のボランティアと交流し，「盲導犬訓練士になりたい」気持ちを高めていった。また並行して，連絡会にてCSWから教員へ「本人の盲導犬訓練士になりたい想い」や「団体，地域のボランティア，当事者の『応援の声』」，団体等やCSWによる「卒業後の地域における支援体制」を共有した。そして，それらを保護者面談の際に教員から両親へ伝え，また「進学への想い」を代弁してもらうよう調整を図った。教員も「はじめは本気かどうかわからなかったが，本人からも改めて『想い』を聞き，本当に盲導犬訓練士になりたいことがわかりました。私からも，なんとか両親に伝えてみたいと思います」と変わった。これらの結果，両親は「卒業後もフォローがあり，また先生や本人がそこまで言うなら，本人の意向を尊重したい」と言ってくれた。またそれによってMさんの自傷行為も落ち着き，教員から見ても「表情も明るくなった」という。その後，本人と関係構築ができたCSWの紹介により，地域の学習支援，子ども食堂とも世帯としてつながることができた。学習支援ボランティアが兄弟の宿題を見ている間，Mさんは受験勉強に励んだり，子ども食堂ボランティアが母への声かけを継続したりするなど，地域住民とも協働し，卒業後もつながり続けられるよう支援を継続していくことになっている。

第5節　曖昧な支援の狭間を「のりしろ」で塗り潰す

　本章では，重層的支援体制整備事業におけるCSWと中学校との協働の実践事例から，二次障害支援・予防としての「卒業後を見据えた重層的な伴走型支援」の展開可能性を探った。連絡会へ定期参加しながら，卒業後も支援が必要

第 2 章　重層的な伴走型支援を展開する

な世帯等について，支援会議や本人，保護者との面接を教員とともに行い，アセスメントを共有した上で支援方針をともに検討し，「各機関で協働してできること」の重なりを“意図的に”広げていった。これによって新たに支援センターへつながる事例が一定数あったり，その後の有機的な連携関係（川向2017）につながったりと，「教員は気付いていても，適切な支援につながっていない」（山野 2018）という潜在化しているニーズにも対応可能な「面的接合」（共業モデル）の協働体制（平野 2015）が構築されていった[8]。

　そしてこのような協働体制を基盤として，在学中から支援チームを作り，卒業後を見据えた重層的な伴走型支援を展開していくわけであるが，実際，前節で確認した事例はいずれもつながり続けることを重視し，卒業後も途切れない支援につながった事例であった。事例(1)では，在学中は教員が本人へ伴走しながら，並行して CSW，支援センター，医療機関等が連携を図り世帯支援を展開することで，卒業後も支援センターやサービス事業所による継続的な支援につながった。事例(2)では，学校からの働きかけをきっかけとして，まずは CSW が本人や世帯への伴走を図りながら学校へつなぎ戻しを行い，卒業後は再度 CSW による継続的な伴走につながっている。事例(3)では，CSW による面接や地域住民との協働を通したエンパワメントを行いつつ，教員による保護者への働きかけを行うことで，卒業後を見据えた重層的な支援が在学中から可能となっている。

┌─ ポイント ─────────────────────
・包括的支援体制の構築に向けて，例えば「子ども支援」が重要（あるいは課題）であれば，重層的支援体制整備事業を活用しつつ，CSW など重層的支援体制整備事業担当や支援センター職員，もしくは行政の担当課職員などが定期的に学校へ訪問し，教員や SSW と連携できる「体制」を作っていくことが第一歩として検討可能である（ここでは役割分担ではなく，あえて「役割を重ねていく」という発想が重要であると筆者は感じている）。
・その上で，教育と福祉の連携を基盤として，共通の目的に向かい「各機関で協働してできること」の重なりを“意図的に”広げていくことが重要である。
・そして体制として，「教員が安心して気付くことができる」ような「後方支援」

81

の仕組みを整えていくことで，ニーズの顕在化につながり，支援へと結び付くのではないだろうか。

　ここで，本支援スキームにおける CSW のあり方や機能についても考察したい。卒業後を見据えた重層的な伴走型支援において，CSW は，学校とは独立した「地域の相談員」としての立場を活かし，学校・専門職・地域の「横の連携」と，卒業というライフステージの変化を見据えた「縦の連携」双方の支援の狭間を埋める「のりしろ」となりながら，包括的な支援体制の構築に向けた有機的な連携関係という「のりしろ」を広げられることを確認した。換言すれば，狭間の課題に対してのキーパーソンとなりながら，まずはそのニーズを受け止め，アセスメントをチームで共有し，その支援展開を通して「越境への主体的態度」（川向 2017）を“引き出す”ことで，協働による重層的な伴走型支援が可能となるのである。ここで強調すべき点は，越境への主体的態度を引き出すためには，単なる支援者間の情報共有に留まらず，課題の分析や解きほぐしを通した事例の可視化を図り「情緒的共感」を得ることが重要だと考えられることである。これまで“本人の個人的要因による”課題——各支援者の“担当業務ではない”課題——と思われていたものの背景に，ヤングケアラー，親子関係，貧困など世帯の課題や本人の障害等に起因する課題があることをそれぞれが認識し，さらには教員，専門職それぞれが「まだ対応できることがある」こと——「本来，協働できる（重ねられる）支援」があるにもかかわらず，それらが重ならず狭間となり「問題化」していたこと——に“気付く”ことで，情緒的共感を基盤とした協働へとつながるのである。[9]

　以上のように，制度や支援の狭間の事例への支援展開を通して「のりしろ」を“つくり”，重層的に伴走型支援を展開することによって，これまで曖昧であった——本来重ねられるのに，重なっていなかった——支援の狭間を埋める体制を構築していくことが，CSW に求められる機能ではないだろうか。換言すれば，「曖昧な支援の狭間は，全て，のりしろで塗り潰そう」というのが重層的支援体制整備事業における CSW のあり方であり，課題が複合的であれば

第 2 章　重層的な伴走型支援を展開する

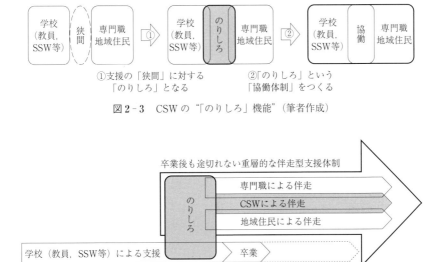

図 2-3　CSW の"「のりしろ」機能"（筆者作成）

図 2-4　CSW の"「のりしろ」機能"による重層的な伴走型支援体制（筆者作成）

あるほど，それらの課題やニーズを受け止めることで重層的な伴走型支援を展開できる可能性が高くなるのである。本章では，この"縦・横双方の支援の「狭間」事例（ニーズ）を受け止め，課題の分析，解きほぐしを行い，伴走しながら情緒的共感を基盤とした協働体制をつくる機能"を，CSW の"「のりしろ」機能"と定義し（図 2-3），このような CSW の「のりしろ」機能による実践を基盤として，中学校卒業後も途切れない重層的な伴走型支援体制の構築に向けた一定の展開可能性が示唆されたと結論付ける（図 2-4）。そして，このような CSW の「のりしろ」機能による実践を積み重ねていくこと——「狭間」への介入により，最終的に「狭間」をなくして重層的な協働体制をつくること——により，二次障害支援・予防が可能な包括的支援体制の構築に向かうのではないだろうか。

83

┌─ ポイント ───┐

・学校・専門職・地域の「横の連携」と，卒業というライフステージの変化を見据
えた「縦の連携」双方の支援の狭間を埋める「のりしろ」となりながら，包括的
な支援体制構築に向けた有機的な連携関係という「のりしろ」を広げることが重
要である。

・教員，専門職が「本来，協働できる（重ねられる）支援」があるにもかかわらず，
それらが重ならず「狭間」となり「問題化」していたことに"気付く"ことで，
情緒的共感を基盤とした協働へとつながる。

・「曖昧な支援の狭間は，全て，のりしろで塗り潰そう」というのが重層的支援体
制整備事業における CSW のあり方である。

　→課題が複合的であればあるほど，それら課題やニーズを受け止めることで重層
　　的な伴走型支援を展開できる可能性が高くなる。

└──┘

注

⑴　玄田（2013）は「20歳以上59歳以下の在学中を除く未婚無業者のうち，ふだんず
っと一人か，一緒にいる人が家族以外にはいない人々」を孤立無業と定義し，男性，
中高年，中学卒（高校中退を含む）が孤立無業になりやすいこと，また2000年代以
降，性別，年齢，学歴によらず無業者になると誰でも孤立しやすくなるという「孤
立の一般化」が進んでいることを指摘している。

⑵　具体的には，アウトリーチ等を通じた継続的支援事業，多機関協働事業，参加支
援事業の３事業である。

⑶　I市社協では，支援の入口（ニーズキャッチ）や出口（個別支援・地域支援）双
方において，地域福祉の基盤づくりを行う生活支援コーディネーターやボランティ
アなど地域住民との連携推進を企図し，CSW をボランティアセンターへ配置して
いる。

⑷　W 年度は，I 市における SSW は他中学校区の担当であり，連絡会への参加はな
かった。W＋1 年度に体制が変わり，全市的に対応を図ることとなり，それぞれの
CSW と相互に連携しながら子ども，および世帯支援を展開することとなった。ま
た元来，地区の「民生委員・児童委員協議会」会長も参加しており，W＋1 年度か
らは不定期で主任児童委員等の参加を得るなど参加者の重層化にもつながっている。

⑸　CSW は，卒業後を見据えた支援を基本として学校へアウトリーチを行ってきた
が，学校側としては，併せて在籍中の生徒に対する「今」の支援ニーズも非常に高

いことが実態として明らかとなった。なお，W＋1年度については，基本的にはまずSSWが学校からの支援依頼を受け止める体制となっている。

(6) J中学校とCSWとの協働は，I市においてもその重要性が認められている。同市『議会だより』（W＋1年7月発行）では，重層的支援体制整備事業についての調査・研究から行政に対して次のように提言している。まずは全ての中学校区にCSWを各1名は配置すること。そのための財源確保に努めること。そして教育部門との連携が重要であり，CSWと，SSWをはじめとした学校関係者との連携を推進する体制づくりを行うこと。このように，本章で示した支援スキームの実効性が実態としても示されている。

(7) これらの経緯が連絡会にて共有された時，CSWへ支援依頼をしたSCが「あの時，私一人ではあれ以上何もできなかった。支援につながり，本当によかった。ありがとうございます」と泣きながら安堵していた姿が，今も忘れられない。そしてこの時，改めて支援者の「後方支援」の重要性を実感した（第4章で詳述）。

(8) これにより，同じ情報でも教員の気付きは変わり得るだろう。つまり感度が高まるのである。一例として，「いつも上履きのかかとを踏んでいる」子どもの背景にある「（サイズアウトしているが）上履きを新たに買うことが難しい」という世帯の経済的ニーズを発見できることもあるだろう。

(9) 本書では，「のりしろ」概念同様，このような"気付き"を重要視し，ここではまず福祉専門職や教員の気付き（「ニーズ発見」としての気付きとは，ここでは意味が異なる）の重要性について論じた。地域住民の"気付き"の重要性については次章で詳述したい。

第3章	個別支援と地域支援を統合する

　これまで第1章では，ソーシャルワーク理論モデルとしての支援の焦点について検討し，「社会的孤立・排除の生活史モデル」「二次障害の相互作用モデル」として整理した。そして前章では，重層的支援体制整備事業を活用した二次障害支援・予防の展開可能性について論じ，CSWの"「のりしろ」機能"を提起した。

　これらの議論を引き継ぎ，本章の目的は，「二次障害による社会的孤立」事例に対して「どのような枠組みで支援するか」というCSWの支援展開可能性を探ることである。序章でみてきたように，本書では，個別支援と地域支援の一体的展開による重複領域の意義を見出し，また意味付けすることにより，地域共生社会の実現に向けたコミュニティソーシャルワーク実践に特有の役割，機能が浮かび上がり，コミュニティソーシャルワーク方法論・実践理論の確立につながると仮定し検討を進めていく。このことを前提として本章では，CSWによる個別支援と地域支援の統合の可能性について，社会モデルを視座とした地域共生社会についての理論的検討を基盤として（第1節），N市社会福祉協議会（以下，N市社協）の実践から実践的検討を行い（第2節），CSWによる支援の枠組みについて考察していく（第3節）。

　さて，本章の本格的な議論に入る前に，いくつかの点について確認しておきたい。読者の皆様が所属する市町村には，CSWが配置されているだろうか。すでに配置されている地域なら，CSWは周りからどのような役割，イメージで認識されているだろうか。「福祉の何でも相談員」という個別支援のイメージが強いだろうか。また重層的支援体制整備事業を活用してCSWの新規配置，あるいは配置拡充を検討している自治体もあるだろう。

　本章では，コミュニティソーシャルワーク実践におけるCSWの機能につい

ては，制度の狭間や複合的な課題を抱える世帯等への「個別支援」だけでは不十分であると考える。本章で扱う N 市社協では，社協の地域福祉活動計画（以下，活動計画）における重点事業としての「地域支援」を CSW の機能として位置付け，CSW による個別支援と意図的に連動させている。このような「地域支援」機能や，その連動のあり方について，新たに CSW の配置を検討する市町村などにもぜひ参考にしてほしい。

第1節　障害者の権利に関する条約に対する本書の立ち位置

　序章第2節では，グローバル定義や子どもの権利条約，持続可能な開発目標（SDGs）に対する本書の立ち位置を確認してきた。ここでは，本章に関係する重要な議論として，障害者の権利に関する条約（以下，障害者権利条約）との関係についてみていきたい。

　地域共生社会の実現に向けて，2017年に「地域力強化検討会最終とりまとめ」（地域における住民主体の課題解決力強化・相談支援体制の在り方に関する検討会（以下，地域力強化検討会）編 2017）が報告され，これを受けて社会福祉法が改正（2018年4月）されている。この「最終とりまとめ」では，以下のような文言を確認できる。

> 「地域共生社会」という言葉について改めて考えてみると，例えば，障害者基本法では明文で「地域社会における共生」の理念が掲げられ，障害福祉施策を中心として，様々な施策が行われてきた。（中略）それぞれの地域で社会的孤立や社会的排除をなくし，（中略）個の課題と向き合う中で他人事と思えない地域づくりに取り組む。

　このように障害者基本法（以下，基本法）における理念を確認し，個別支援を通じて「我が事」とするよう働きかけることが方向性として示されている。また藤井（2018）は，地域共生社会の実現に向けて，障害者権利条約の「批准

のための整備に向けた障害者基本計画から障害者差別解消法に至る，一連の制度・施策の成熟度を中核的な課題にする必要」があるとして，「社会モデルの拡大」とともに「社会的包摂施策を含み込みながら進めるべき」であると指摘している。これら障害福祉に関連する議論を受け，改めて日本における障害福祉施策について確認すると，まず，基本法の改正（2011年）に先駆けた障害者権利条約の署名（2007年）が挙げられるだろう。すなわち国内の障害当事者等からの障害者権利条約の「批准に先立ち国内法の整備等を進めるべきとの意見」（障害者政策委員会編 2018）を受け，「いわゆる『社会モデル』の考え方や『合理的配慮』の概念が新たに取り入れられ」たのである（藤井 2018）。

　この社会モデルに関連して，ディスアビリティ，すなわち「身体的なインペアメントを持つ人のことを全くまたはほとんど考慮せず，したがって社会活動の主流から彼らを排除している今日の社会組織によって生み出された不利益または活動の制限」（石川・長瀬 1999）について，川島ら（2016）は次のように述べている。社会モデルにおいては，ディスアビリティは「インペアメントそれ自体ではなく，インペアメントと社会的障壁との相互作用によって生じるとし，とりわけ社会的障壁の問題性を強調する。社会的障壁とは，建築構造や法律の不備だけでなく，非障害者を中心に形成された社会の支配的価値観や慣習行動なども含む概念である」。

　これらを踏まえて，次に差別について改めて考えていきたい。差別とは「障害に基づくあらゆる区別，排除，又は制限」であり，「あらゆる形態の差別（合理的配慮の否定を含む）」とされている（障害者権利条約）。「差別は形を変えて見えにくくなっているだけで，私たちの心に残っている。それが時に表面化し，何らかのきっかけによってあらわになる」（栗田 2015）ように，物理的側面だけではなく，社会的障壁と同様，人々の──とりわけ大多数の非障害者によって構成されている社会の──「意識」に因る部分が大きい。

　つまり社会参加が妨げられること，また日常生活や社会生活が相当な制限を受ける状態の原因は，本質的には個人の機能障害そのものではなく，その機能障害と事物，制度，慣行，観念等の社会的障壁との相互作用によって，自覚的

かあるいは無自覚的に区別，排除，制限する社会意識が生じ，個人の心身機能の障害を持つ人を差別する社会（差別社会）を生み出し，その社会によって区別，排除，制限されている——すなわち，困難を生じさせられている——人が障害者なのである。そして社会モデルにおいては，個人の日常生活や社会生活の制限が“社会を原因”とすることから，“社会の責任”で社会的障壁を除去し，その制限を克服する必要があることを強調する。

　さて，これまで地域共生社会の実現について考えるために，社会モデルの視点について改めて確認してきた。障害の概念を「個人モデルから社会モデルへ」転換するということは，個々人の意識変革と同じである。個々人の意識変革を通して，社会全体の意識（社会意識）が変革される。しかし「個人モデルから社会モデルへ」と簡単に言っても，実際にそのプロセスを経なければ転換は難しい。それは，常に心身機能の障害がその個人と「ともに」あるからであり，個々人がそのプロセスを経てこなければ，そこはブラックボックスとなる。納得しないまま押しつけられて強要された考えとして，依然として個人モデルは個々人の意識の奥深くに残り続け，また差別（意識）は残存し，障害問題の解決からさらに遠ざかってしまうだろう[1]。

　このように考えてみると，社会モデル，および「障害」を取り巻くこれらの議論，とりわけ無自覚的な差別意識や気付きのプロセスの重要性については，地域共生社会の実現と非常に関連が深いとみることができる[2]。地域力強化検討会編（2017）においても「『我が事』の意識は，誰かに押し付けられるものではない。『共生』は『強制』されることで画一的になってしまう」と，単に考え方が強要されてしまうことについて警鐘が鳴らされている。

　加えて，これらの議論は「つながり」ができない制度の狭間の課題を抱えている人々を取り巻く状況にも関連している。コミュニティソーシャルワークおよび社会的排除に対するソーシャルインクルージョンについて，山下（2011）は次のように述べている。「周囲との関係が希薄で，ひとりで生きる者は集まることはおろか，発言することもない。また，あからさまな否定的言辞を浴びせられることもなく，社会の一隅で息を潜めて暮らしている」。そして「イン

第 3 章　個別支援と地域支援を統合する

クルージョンは，社会の側からではなく，あくまでも排除された側の視座から実現されなくては，抑圧の片棒を担ぐことになりかねない」と，周囲との関係が希薄で社会的孤立や社会的排除に陥られている人々の差別や抑圧が潜在化していることや，コミュニティソーシャルワークの支援展開によって当事者の視座からのインクルージョンが可能となることを指摘している。

　コミュニティソーシャルワークでは，個別支援を通じて地域へも働きかけられ，一体的に支援を展開できる。すなわち「排他的なコミュニティの現状を改善し，生活の基盤を創出すること，つまりは福祉コミュニティ形成にこそ，コミュニティソーシャルワークの中核がある」のである（黒澤 2013）。「地域を基盤としたソーシャルワーク」を提唱する岩間（2011）も，「当事者本人だけの変化を促そうとするのではなく，同時に本人と環境（地域）との相互作用を促進することによって，環境側の変化をもたらす」としている。つまり CSW による個別支援を地域支援と連動させて展開することにより，排他的なコミュニティを改善でき，「無自覚的な差別意識に対する気付きのプロセス」を促すことができるのである。

　以上，地域共生社会の実現に向けて，障害者権利条約まで遡り社会モデルについて改めて確認した。障害者だけでなく，社会的孤立や社会的排除に陥れられている人々は，大多数の人々（地域社会）から無自覚的に，そもそも考慮もされず困難を生じさせられており，これら差別や抑圧は潜在化している。この無自覚的な（社会）意識に個々人が気付くことが「我が事」への第一歩であり，このプロセスを経ることで地域共生社会の実現に近づくのではないだろうか。そしてそれを可能とするのが CSW の実践であり，個別支援と地域支援の統合によりその気付きの促しが可能となると考えられる。本書では，以降もこのような考え方を基盤として，コミュニティソーシャルワーク実践理論について検討していく。

91

第2節　実践的検討から探る「統合」の可能性

　前節では，本書で示すコミュニティソーシャルワーク実践理論と障害者権利条約との関係についてみてきた。こうした視点から，次に，このような理論的枠組みについてN市社協CSWの実践事例からその具体的プロセスを確認していきたい。N市社協を取り上げる理由は，CSWによる個別支援と地域支援を意図的に連動させて実践を展開しており，これらの統合の可能性を探る本章の議論において重要な実践事例であると考えられるためである。

　N市社協では，X年からCSW（筆者）を配置した。X年9月に第一期の活動計画を行政（地域福祉計画）と一体的に作成し，基本的な地域福祉圏域は小学校区であること，そして小学校区ごとにCSWの配置を進めることを明記している。

　N市社協では，重点事業として第一次活動計画に示した3つの地域支援事業，すなわち地区社協の設置，「見守りサポーター」の養成，地域交流のつどい・サロン活動の支援をCSWの地域支援機能として位置付け，CSWによる個別支援と意図的に連動させている。これらの実践事例から，統合の可能性について実践的検討を行いたい。

（1）地域支援の推進を志向する

　まずは地区社協の実践について述べていきたい。N市社協では，CSWの個別支援との連動を意図して設計された「N市版地区社協」を小学校区ごとに独自に設置し，そこに専属のCSWを配置している。N市社協における地区社協は，地域共生社会の実現を目指し，地域の潜在的ニーズに対するアウトリーチ活動を主として，認知症の予防，閉じこもり・ひきこもりの防止，子育て不安の軽減を中心とした部会活動を展開することで，小学校区単位で早期発見・早期対応ができる「感度の良いコミュニティ」を地域住民とともにつくることを目的としている。

第3章　個別支援と地域支援を統合する

　これまで地区社協運営委員会において，民生委員や自治会連合会（まちづくり協議会）役員らと CSW の個別支援ケースをともに検討し，CSW の主な支援対象である制度の狭間の課題を抱え社会的孤立状態となっている人々の現状や CSW の支援展開について，住民と共有できる機会をつくってきた。加えて，部会活動として，様々な事業を CSW の個別支援と連動させながら実施し，「住民の気付きのプロセス」を経て「『我が事』の意識の醸成」（地域力強化検討会編 2017）を図ってきた。

　例えば，起立性調節障害の子どもの母親からの相談を受け，個別支援を行いながら，母親の「起立性調節障害について周知・啓発をしたい」「同じ悩みを抱えている人の力になりたい」という思いに応えるため，子育て不安軽減部会で当事者の母親 2 人に講話を依頼し，民生委員や子育て中の母親，学生が話を聞き，それを冊子化した。冊子には，同疾患に対する無理解によって無自覚的に本人やその家族を苦しめている可能性に部会員がまず気付き，その上で，同様の気付きを地域住民に促すメッセージを掲載している。

　子どもサロン「もりもり元気食堂」（コラム⑥「子どもサロン『もりもり元気食堂』実践」）では，「本当に市内に貧困の児童がいるのか」と話していた民生委員が，部会活動を通じて「夜ご飯に食べるものがない」「孤食である」というニーズを自ら発見し，それらのニーズに対応するため「もりもり元気食堂」"延長版"（夜の孤食対策として食事を無料提供する，「見えない化」をテーマとした場）を企画・実施できるようになった。CSW が相談を拾えるだけでなく，地域住民も「我が事」として新たな問題・課題やニーズを発見し，またそれに対して企画・立案できるようになるなど，個別支援と連動して問題解決機能を持つ部会となっている。

　また，この子どもサロン「もりもり元気食堂」には，夫に先立たれ独居となり，いわゆる「孤独・孤立」状態から「監視されている（気がする）」などの被害妄想の訴えが見受けられた高齢女性も，調理ボランティアとして参加していた。参加のきっかけは，地区社協の運営委員会で，民生委員から「どのように対応したらいいだろうか」と相談が投げかけられたことであった。その高齢女

93

性の背景を理解する運営委員らの声かけもあり，孤独・孤立状態は改善され，「監視されている（気がする）」という訴えもなくなっていったことが確認された。

　こうした部会活動は，地域の課題に対応して小学校区ごとで取り組みを変えている。市内で2人目のCSWとして配置された職員が担当する小学校区では，親子で食事作りをする企画を通じて父母との話し合いの場を設け，地域における生活課題や自分たちでできる取り組みについて話し合った。そこから，「小学生の放課後の居場所がない」と相談を受け，地域住民（自治会長・連合会長，PTA役員，保護者ほか）や小学校，行政も交えた複数回にわたる話し合いを経て，集会所で子どもの預かり機能を持った居場所を開催するに至った。はじめは「居場所がないのであれば塾に行かせればいい」「親の甘えではないか」と話していた地域住民も，当事者との話し合いを経て，共働き世帯や母子家庭等の現状に対して理解を示し，最終的には「我が事」として参加・参画するようになった。これらはいずれも，CSWの個別支援事例と連動させながら地域支援を展開していることによるものである。

　このような個別支援と連動した地域支援の展開は，早期発見のための「見守りサポーター」の養成や居場所づくりのためのサロン活動支援でも同様であり，単に地域支援事業としてCSWが実施するだけではない。例えば，介護保険サービスの利用を受け入れない独居高齢者に対する見守りのため，CSWが訪問して信頼関係を構築した後，見守りサポーターによる定期的な草刈りを通して見守り体制を構築したり，8050世帯に対して見守りサポーターが定期訪問して見守り・声かけを実施したり，がんに罹患した母子世帯の母親に対して通院の付き添い支援を行うなど，CSWの個別支援と連動させ，地域住民による見守り体制や，地域で支え続けられるための「関係性」の構築を図っている。サロン活動の支援においても同様で，「サロンに参加したい」「サロンを立ち上げたい」という相談を受けるだけではない。例えば，CSWが子育てサロンに定期訪問し，乳幼児期の発達（M.マーラーによる「分離・個体化理論」）や交流分析によるストレスマネジメントなどについて講話をし，そこで母親からの子育て相

94

第3章 個別支援と地域支援を統合する

談に応じるなど，個別支援の展開と連動させている。またCSWが相談対応している当事者が，障害者サロンの運営の担い手になることもあった。このように，N市社協CSWの担当する地域支援事業は全て，個別支援と連動させて展開している。

コラム⑥　子どもサロン「もりもり元気食堂」実践

　子どもサロン「もりもり元気食堂」（写真3-1）は，子育て不安軽減部会の取り組みの一つとして企画・立案し実施してきた。運営委員会内でも議論を重ね，貧困対策としての居場所ではなく，大々的に周知して幅広く参加者を募集し，そこで「子どものニーズを発見すること」を目的として企画した。このため，企画名も「もりもり元気食堂」というように，親しみやすく参加しやすい名前を地域住民と一緒に考えた。

　対象校区の小学校を通して周知を図り，夏休みに計6日間，事前予約制で実施した。参加費は給食費に準じて一食250円として，野菜や米などは基本的に地域からの寄付で賄った。これにより，子どもたちが何度もおかわりできるくらい，またボランティアスタッフも一緒に食べられるくらいの量の食事を作り，提供することができた。

　活動も3年目に入り，徐々に子どもたちのニーズを拾えるようになってきた。例えば，発達特性に伴う二次障害として「友人との関係に悩む」子どもから，直接「死にたくなるほどつらい」と話を聴くことができた。そして，保護者と連絡を取り合いつつ，小学校や支援センター等と連携し対応を図った。また「夜ご飯に食べるものがない」「孤食である」というニーズを地域住民が自ら発見し，「どうしたらいいか」「自分たちに何ができるか」を民生委員や自治会連合会（まちづくり協議会）役員，見守りサポーターなど地域住民とCSWとで話し合った。そして，「地域からたくさんの寄付をいただいたため，感謝の意を込めた企画」として，予約不要で食事を無償提供

写真3-1　子どもサロン「もりもり元気食堂」の様子

する「もりもり元気食堂」"延長版"を土曜日の夜間に定期開催した。ここでは，困窮状態にあると思われる子どもの参加のしやすさを優先し，あえて大々的に周知せず，「見えない化」をテーマとした。

　ここでも，「困窮状態」にある子ども以外の参加を得ることができた。例えば，他の小学校区在住で，子育て相談の担当課が定期的に見守りをしている（しかし，なかなか担当課職員は連絡が取れない）世帯の参加もあり，関係機関と連携しながら同企画でも緩やかに見守りを図った事例もあった。このように地域住民とともに地域福祉を推進する媒体として地区社協活動があり，地区社協の運営支援はCSWの重要な業務の一つでもあった。

（2）個別支援の深化を志向する

　個別支援と連動した地域支援の展開によって早期に発見され，支援につながった人々に対してCSWが総合相談を行うわけであるが，個別支援において，とりわけCSWが中心となって扱うケースは，近隣トラブルやひきこもり，ゴミ屋敷などいわゆる制度の狭間の課題を抱えている人々である。「今日では社会的孤立や社会的排除，経済的な困窮や虐待，介護，保育などの生活課題が重なり合って生じており，既存の制度を利用するだけでは解決できないような課題が，地域の中には非常に多くある」（松端 2018）といわれるように，単に制度を紹介し，当てはめるだけの「制度のマネジメント」に主軸が置かれる支援や，インフォーマル資源を開発するコミュニティワーク的介入により「制度の狭間を埋める」だけの支援では不十分である。これまでみてきたように，N市社協CSWは，制度の狭間を「『つながり』ができない『関係性』に着目した問題認識」であり，「複合的な不利を抱えているがゆえに，制度や空間，家族・地域・職場等のさまざまな『つながり』から排除された」（熊田 2015）関係性の課題として捉えている。そして，社会的孤立事例を取り巻く状況について「社会的孤立・排除の生活史モデル」（第1章）を理論的視座として解釈し，意味付けをしている[6]。

　その上で，生育歴上の二次障害や現在における地域住民など他者との関係性における二次障害に対して個別支援と地域支援を連動させて支援を展開してい

第3章　個別支援と地域支援を統合する

くわけであるが，とりわけ後者の外的世界における二次障害への支援について，個別支援と地域支援を統合し展開することで，個別支援は深化し，さらには「我が事」となる地域支援をも推進できるといった相互作用を生むのではないだろうか（生育歴上の二次障害への支援のあり方については，第5章以降で詳述）。これらのことについて，実際の事例から検討を進めていきたい。

（3）統合による個別支援の深化および「我が事」の地域支援の推進

　個別支援の深化および「我が事」の地域支援の推進について，地域福祉学習会を活用した近隣トラブルへの介入事例から確認したい。そのために，まずはN市社協で実施してきた地域福祉学習会の概要をみていく。

　地域福祉学習会では，CSWが講師となり30分から1時間程度の講話を行い，その後個別相談を実施している。先に取り上げた地区社協の部会活動などに加えて，CSWは認知症や精神疾患による近隣トラブル事例などにおいても地域住民へ地域福祉学習会を実施しており，テーマについては個別ニーズに即してその解決に必要なものを設定している。一例を挙げると，認知症や精神疾患などについては，「病気に対する啓発」だけでなく，「病気と本人の人柄や性格とは別である」ということをも強調して，①早期発見のための教育的啓発，②偏見をなくす，の2点を主な目的としている。また基本的な考え方として社会モデル（本章第1節）の考え方を採用し，「周りの対応が変わることで本人も変わる」ことを強調している。

　それでは，具体的なケースを取り上げて検討してみたい。ここでは，「二次障害による社会的孤立」事例に対するCSWの支援の枠組みについて検討するため，第1章で確認した事例の一つ（第4節の事例(3)）を取り上げ，個別支援と地域支援の統合による意義を探っていく。なお，N市社協において，地区社協を新規に設立したX＋1年6月からX＋4年8月までの期間におけるCSWの対応事例のうち，地域支援等の相談（地区社協やサロンなどの運営相談）を除く個別支援の対応実人数は216人であった（住民や関係機関から情報提供があったのみのケース（未介入）や介護保険制度などフォーマルサービスの利用，サロン紹介・

マッチングなどの相談も含む）。そのうち，周囲の無理解などにより二次障害を呈していた件数は123件（56.9%）あり，このうち何らかの地域住民・組織への介入（地域支援を通じた個別支援）を行うことで状況に改善が見られたのは74件（60.2%）（全体の34.3%）であった。また二次障害を呈していた123件のうち，制度などへつなぎ改善したものは71件（57.7%）（地域住民・組織への介入により改善したケースと36件重複あり）であった。ここでは，これらの中から1ケースを典型事例として提示する。

■ 事例　二次障害により社会的孤立となっていた《近隣トラブル》事例への対応

　G氏（50代男性）は，これまで近隣との関係は良好であったが，数年前から，隣人H氏（40代女性）との「ちょっとしたトラブル」をきっかけに，何かあると怒鳴る，監視するなどの行動をとるようになった。また行政職員が本人との接触を試みるも，支援にはつながらなかった。

　その後数年経ち，CSWが配置され，民生委員を通じてCSWに相談が入った。CSWは，事前に行政職員から当時の状況など「経過と対応」について情報収集し，その後，支援会議を行った。そして行政職員と同行訪問しG氏本人と接触を図り，アセスメントを行った。それらをふまえ民生委員とともにH氏宅を訪問し，H氏の話を傾聴した後，CSWから二次障害概念や，G氏から見える世界の見え方（内的世界）などについて解釈をした。すると，H氏や民生委員は「はじめて，これまでのG氏の言動の意味がわかった」「G氏がいると不安だったが，一番不安が強いのは私たちではなくG氏ではないのか」と，G氏に対する見方が，排除する考え方から「G氏に対して自分たちにできることは何かないか」という考え方に変わった。そこで，民生委員の声かけにより，同じようにG氏のことで悩んでいる近隣数世帯を招き地域福祉学習会をクローズな形で実施した。「診断をするわけではなく，あくまでいち疾患などに関する学習会」という形でCSWから講話を行った。

　そこでは，「G氏に対して，自分たちにできることは何かないか」ということが話し合われた。その結果，近隣住民で，一定の社会的距離は保ちつつも

第 3 章　個別支援と地域支援を統合する

「自分たちから G 氏へ挨拶をしよう」と決めた。それ以降，G 氏と顔を合わせると，これまでのように避けるのではなく，あたたかい声かけをするように近隣住民が変わった。これまで G 氏と居合わせるのを避け「生活しづらかった」近隣住民は，「自分たちから挨拶をすると皆で決めたことで，気持ちが前向きになれた」という。そして次第に G 氏も，自ら近隣住民に話しかけるようになるなど変化が見られ，最終的にトラブルは減少した。

　これらのプロセスを要約すると次のとおりである。G 氏の（併存精神障害の可能性を否定できない）「問題行動」に対して悩んでいた H 氏ら近隣住民は，CSW の介入（面接，および地域福祉学習会の実施）により G 氏への理解が深まり（本人の人柄・性格と病気・障害を分けて考えることができ，またこれまでの言動の意味を解釈できるようになり），自らの無自覚的な態度（例えば，顔を合わせると避ける）が G 氏の生きづらさを助長（歪んだ認知，迫害的な内的世界の強化に無自覚的に加担）していたことに気付き，（若干の罪悪感とともに）「我が事」となり，そこからはじめて本人支援のあり方を考えていった。結果として H 氏ら近隣住民らの対応が変わり（社会的障壁がなくなり，次第に二次障害も解消され），G 氏の「問題行動」（生きづらさ）が軽減した。

　このように，CSW による個別支援と地域支援を意図的に連動させて支援を展開することで，近隣トラブル事例に介入できた（個別支援の深化）だけでなく，近隣住民へ「気付き」を促すことができ，それによって近隣住民も「我が事」となったと考えられる。

　以上みてきたように，N 市社協においては，地域住民との協働を基盤として，①制度の狭間を取り巻く「内的世界における生育歴上の二次障害」と「外的世界における現在の二次障害」に対する CSW の個別支援展開と，②地区社協や地域福祉学習会などの地域支援とを連動させた実践を行っており，そこには社会モデルの考え方が通底している。ここで強調すべき議論として，個別支援と地域支援をそれぞれ別の機能として分化させてしまうと，これらの統合による相互作用は生じないため，無自覚的な差別意識への気付きのプロセスを促すことはできず，また「外的世界における二次障害」も解消されないと考えら

99

れる。すなわち，両者を統合することによって相互作用が生じ，個別支援を深化させるだけでなく，地域支援もより推進できるのである。

第3節　「関係性の中で生じる問題」へのアプローチの展開

本章では，「二次障害による社会的孤立」に対するCSWの支援の枠組みについて，個別支援と地域支援の統合の議論からその展開可能性を探った。ここでは，次のことを明らかにした。個別支援と地域支援の統合によって，とりわけ外的世界における現在の二次障害への有効なアプローチにつながり，社会的孤立事例への個別支援は深化する。また社会的孤立や社会的排除に陥れられている人々は，大多数の人々（地域社会）から無自覚的に，そもそも考慮もされず困難を生じさせられており，これらの差別や抑圧は潜在化している。この無自覚的な社会意識に個々人が気付くことが「我が事」への第一歩であり，個別支援と地域支援を統合したCSWの支援展開に地域住民を巻き込むことによって，この気付きを促すことができる。このプロセスを経ることで「我が事」となり，地域共生社会の実現に向かうと考えられる。松端（2020）の指摘する個別支援と地域支援の「2つの機能の重複領域」の意義は，個別支援が深化するだけでなく，「我が事」の気付きの促しが可能となるなど地域共生社会の実現に向けた地域支援の推進という相互作用を可能とし，相乗的な実践が可能となる点といえるだろう。ここにコミュニティソーシャルワーク実践に特有の役割，機能を見出すことができると考えられる。

加えて，これまでみてきた二次障害概念についても，社会モデルの考え方を援用すると次のような意味を見出すことができる。本書では，制度の狭間を「関係性の課題」として捉え，その背景に2つの二次障害（内的世界，および外的世界）を規定し，それらに対して個別支援と地域支援を統合して支援を展開する重要性を確認してきた。この二次障害の概念は，社会モデルの考え方——すなわち，障害はインペアメントそのものではなく，社会的障壁との相互作用で生じる——と同様の構造を持っている。つまり，本人の病気や障害（インペ

第 3 章　個別支援と地域支援を統合する

アメント）そのものが問題なのではなく，家族や地域住民など他者（大多数の人々（＝地域社会））との強弱関係を伴う相互作用によって生じる「生きづらさ」（例えば，社会モデルでいう「障害」）と，その連続上にある「関係性の中で生じる問題」（例えば，二次障害）がCSWの支援の焦点の重要な要素の一つであると考えられる。CSWとして，個別支援と地域支援を統合し，このような「関係性の中で生じる問題」に対してアプローチすることが肝要であり——加えて，個別支援と地域支援の統合により有効なアプローチにつながり——これらの枠組みにおいて，その支援展開に地域住民を巻き込むこと（個別支援展開や地域福祉学習会の実施，地区社協部会活動を通した意識変革など）によって「我が事」となり，地域共生社会の実現に向かうと考えられる。

注

⑴　これらの考え方は，本書の基盤をなすものであり，筆者が大学院生時代に指導教員であった佐野治先生（元・愛知県立大学，現・福井県立大学）から教わったものである。

⑵　2018年4月の社会福祉法の改正により，第4条（地域福祉の推進）において，新たに「地域生活課題」が規定された。第4条第2項（2021年改正社会福祉法第4条第3項）では，①福祉サービスを必要とする地域住民と世帯が抱える福祉，介護，介護予防，保健医療，住まい，就労，教育に関する課題，②地域社会からの孤立に関する課題，③あらゆる分野に参加する機会の確保の課題，の3つの地域生活課題について把握し，関係機関と連携し解決を図ることが地域福祉の推進とされている。この中で，とりわけ②，③については社会モデルを援用したアセスメントが必要となり，社会モデルの考え方は今後ますます重要視されるといえよう。またこれに伴い，制度の狭間の課題をどう捉えるかについても，社会モデルをベースとした捉え方（ソーシャルワーク理論モデル）が必要になると考えられる。これらについても，本書で提示する支援の焦点，枠組みが有用であると考える。

⑶　本書で扱ったN市社協においては，個別支援と地域支援を意図的に連動させるために，一人の専門職（CSW）が個別支援と地域支援両方の機能を担っている。本章ではそれらの統合の可能性を探っているわけであるが，松端（2017）のいう「文字通りの意味での『地域支援』」を行うために，社協職員全員がCSW，すなわ

ちコミュニティソーシャルワーク機能を持った職員であるという認識のもと，全職員が「各担当業務を通じた地域支援および仕組みづくり」を志向できるよう，社内でプロジェクトチームを立ち上げ，第二期活動計画の策定を通じてそのあり方について検討を重ねた。

(4) 地区社協の運営委員会とは，個別支援と地域支援の連動について毎月定例開催して話し合う，重層的支援体制整備事業でいう「参加支援」を地域住民とともに推進する場である。2024年4月1日から施行された孤独・孤立対策推進法における「孤独・孤立対策地域協議会」ともいえるだろう。

(5) N市では，小学校区単位でまちづくり協議会を設け，予算と権限を渡し，校区単位で各団体が集まり，それぞれの課題を話し合い，事業化する取り組みが進んでいる。地区社協は，このまちづくり協議会とも連携して活動を展開してきた。例えば子どもサロン「もりもり元気食堂」では，まちづくり協議会にて予算を確保してもらえるよう働きかけてきた。この結果，地区社協とまちづくり協議会との共催で開催する運びとなり，予算確保だけでなく会場の優先予約，調理器具等の充実化，当日のスタッフの協力など，行政施策との連携による活動基盤の強化につながっていった。

(6) 第1章第2節で確認したように，全国的に制度の狭間の課題とは，孤独死，ひきこもり，虐待，多重債務，DV，ゴミ屋敷，ホームレス（勝部 2015）や，男性介護者，性暴力被害者，自殺（松端 2017）などが挙げられるだろう。N市社協では，必ずしもこれら全ての背景に二次障害を規定しているわけではない。ただしN市においては，二次障害によって「関係性の課題」としての制度の狭間の課題を抱え社会的孤立に陥るケースが多く，またとりわけ支援においては専門性が求められるため，特に重要な実践としてCSWが支援に取り組んできた。本書においても同様に，二次障害により制度の狭間の課題を抱え社会的孤立に陥る蓋然性は高いと考え，「二次障害による社会的孤立」事例に対する個別支援と地域支援の統合を重要な課題として取り組んでいきたい。

(7) 地域福祉学習会のテーマとしては，例えば次のようなものがある。アルツハイマー型認知症，MCI（軽度認知機能障害），ピック病による認知症，レビー小体型認知症，高齢者虐待，高齢者の閉じこもり，若者のひきこもり，うつ病と自死，アルコール依存症，パーソナリティ障害，統合失調症，ゴミ屋敷，動物の過剰多頭飼育，子育て不安，発達障害，乳幼児期の発達，交流分析，生活福祉資金貸付制度などである。

第4章	参加支援を推進する

　これまで，CSW が社会的孤立支援を展開する上での支援の焦点，および枠組みについて考察してきた。これらの分析から，支援の焦点については，家族や地域住民など他者との強弱関係を伴う相互作用によって生じる「生きづらさ」と，その連続上にある「関係性の中で生じる問題」が，重要な焦点の一つであることを確認した。また支援の枠組みについては，個別支援と地域支援の統合によって社会的孤立に対する個別支援が深化すること，また無自覚的な社会意識——大多数の人々（地域社会）による無自覚的な差別や抑圧——の気付きの促しが可能となるなど地域支援の推進につながることを明らかにしてきた。このように個別支援の深化，および地域共生社会の実現に向けた地域支援の推進という相互作用を可能とし，相乗的な実践が可能となる点に，コミュニティソーシャルワーク実践特有の役割，機能を見出した。

　本章ではこれらの議論を踏まえ，重層的支援体制整備事業を活用して，市町村単位で「いかに個別支援と地域支援を統合できるか」という論点で，体制としての展開可能性を探っていきたい。

第1節　包括的支援体制の構築

　本章の目的は，包括的支援体制の構築に向けた重層的支援体制整備事業における参加支援推進の方法論を探り，参加支援，および参加支援事業の定義化を図ることである。リサーチクエスチョンとしては，「どのような方法論で参加支援（事業）を推進できるか」である。詳しくは後述するが，市町村単位で個別支援と地域支援をいかに統合し，仕組みとして，またチームアプローチとしてどのように参加支援（事業）を展開できるかという視点で探っていく。ここ

で最初に強調しておきたい点は，重層的支援体制整備事業は「包括的支援体制を構築していくためのエンジン」（原田 2022）とされていることである。すなわち本章では「いかに参加支援（事業）を推進できるか」という論点で検討していくが，これは「いかに事業を展開するか」という事業のあり方のみに矮小化された議論ではなく，包括的な支援体制の構築を見据えた論考であることを前提として確認しておきたい。[1]

　本章では，まず重層的支援体制整備事業における参加支援概念（第2節），およびコミュニティソーシャルワーク実践における個別支援と地域支援の統合をめぐる議論を概観していく（第3節）。そしてO市，およびO市社会福祉協議会（以下，O市社協）における実践事例から実践的検討を行い（第4節），参加支援推進の方法論を探っていく（第5節）。

第2節　参加支援がカギを握る

　2018年4月改正の社会福祉法では，地域福祉の推進において解決を図るべき「地域生活課題」の一つとして新たに社会的孤立が位置付けられた（第4条第2項）。2019年7月に地域共生社会推進検討会による「中間とりまとめ」が公表され，①断らない相談支援，②参加支援，③地域やコミュニティにおけるケア・支え合う関係性の育成という「3つの支援の機能を一体的に具えることが必要」と提言された（地域共生社会推進検討会編 2019a）。この具体化に向けて2021年4月改正の社会福祉法では，包括的支援体制の構築に向けた重層的支援体制整備事業が創設された（第106条の4ほか）。ここでは①相談支援（市町村による断らない相談支援体制），②参加支援（社会とのつながりや参加の支援），③地域づくりに向けた支援を一体的に展開することが求められている。

　それでは，参加支援概念についてみていこう。社会福祉法において参加支援事業は，「地域生活課題を抱える地域住民であつて，社会生活を円滑に営む上での困難を有するものに対し，支援関係機関と民間団体との連携による支援体制の下，活動の機会の提供，訪問による必要な情報の提供及び助言その他の社

会参加のために必要な便宜の提供として厚生労働省令で定めるものを行う事業」とされている（第106条の4第2項第2号）。

またRidilover編（2022）では，従来の高齢者，障害者，子育て中の者などといった対象者属性ごとにつくられた制度の枠組みでは解決が難しい当事者の課題・ニーズもあり，それらの解決のためには地域事業者や住民も巻き込んだ参加支援の仕組みをつくっていくことが求められるとしている。その上で，狭間のニーズに着目し，参加支援事業を次のように定義している。「既存の制度では対応できない本人や世帯のニーズ等に対応するため，地域の資源などを活用して，社会とのつながりづくりに向けた支援を行う」ものであり，狭間のニーズを抱える当事者に向けた，地域の資源を活用した参加支援のための事業と定義している。

なお，ここでは参加支援と参加支援事業とを図4-1のように整理している。本章では，これらの定義に準じて参加支援と参加支援事業とを峻別し，前者は後者を包含する概念として使用していく。

加えて，社会福祉法（第106条の4第2項）では重層的支援体制整備事業の目的が次のように規定されている。「事業を一体のものとして実施することにより，地域生活課題を抱える地域住民及びその世帯に対する支援体制並びに地域住民等による地域福祉の推進のために必要な環境を一体的かつ重層的に整備する」。このことから，全国コミュニティライフサポートセンター編（2022）では「一体化の協働モデル」を提案している（図4-2）。この一体化の協働モデルでは，Ⅰ.制度福祉とⅡ.地域福祉との協働，Ⅱ.地域福祉とⅢ.まちづくりとの協働を強調し，それぞれが重なる部分を参加支援と位置付け，整理している。

ここでは，相談支援事業でも参加支援を行っていたり（ベクトル❶），参加支援の中でも地域づくりを担っていたりと（ベクトル❷），事業の中で展開されている各種支援を相互補完的に行うことで一体化が進むという捉え方を提供している。また地域づくりが基盤的な機能を発揮し❸❹のベクトルが上昇することで，参加支援や地域づくりにおける事業展開が相談支援事業を支えるという関係になることが示されている。そしてこのような❶から❹のベクトルを循環

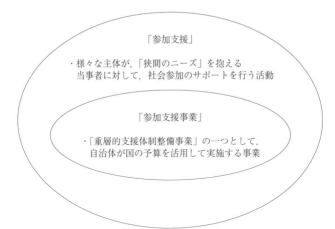

図4-1 参加支援と参加支援事業の整理（Ridilover編 2022）

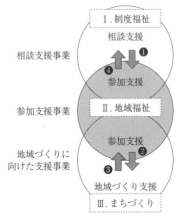

図4-2 3つの支援の一体化の構造
（全国コミュニティライフサポートセンター編 2022）

させる——つまり3つの支援が相互補完的に一体的機能を発揮する——ためには，参加支援（事業）がカギを握ることが強調されている。

この「一体的」という課題に対して，原田は次のように述べる。重層的支援体制整備事業で必須とされる相談支援，参加支援，地域づくりを一体的に実施

106

第4章　参加支援を推進する

するということは，換言すればコミュニティソーシャルワークの展開であり（原田 2021），コミュニティソーシャルワークが展開できるシステムを構築していくことにほかならない（原田 2022）。このことから次に，前章で検討したコミュニティソーシャルワーク実践における個別支援と地域支援の統合をめぐる議論について改めてみていこう。

第3節　「体制」としての個別支援と地域支援の統合

　序章で確認したように，コミュニティソーシャルワークについては大橋（2015）や岩間（2011）などによって多様な定義，機能が示されているが，その本旨としては「個別支援と地域支援の統合的実践」であるとされる（菱沼 2020）。加えて，コミュニティソーシャルワークという機能を展開できるシステムがあるかないかが大きな課題（大橋 2005）と指摘されてきたように，チームアプローチとしてのコミュニティソーシャルワーク（松端 2020）や協働も重要である。この点について川島（2011）は，地域ケアシステムを展開するために求められるソーシャルワーク機能の全体像としてコミュニティソーシャルワーク機能を捉え，「ネットワーキングを戦略としてチームで総体的に機能を果たしていくことが必要である」ことを強調する。

　一方で，コミュニティソーシャルワークシステムにおける「いちソーシャルワーカー」としての CSW に求められる役割も重要である。このことについて菱沼（2020）は次のとおり述べている。コミュニティソーシャルワークは CSW だけで担う実践ではなく，多様な人々との協働によって生み出されるものである。その中において CSW に求められるのは，他の専門職では支援対象とならない個別ニーズの解決に向けて伴走していく個別支援であり，支援を必要とする人々が地域の中で孤立，あるいは排除されることのないように地域支援へと結び付けていくことである。

　次に，これら CSW における個別支援と地域支援の「統合」をめぐる議論についても改めてみていきたい。序章で確認したように，「統合」という点につ

107

いて松端（2017）は「個別支援系の専門職の配置を中心とした相談支援体制を構築していくためには，それとは別にコミュニティワーク（地域支援）の機能を担う専門職による実践が不可欠である」として，「地域支援の機能と安易に混同するのではなく，むしろ機能を分化することの必要性」を強調する。加えて，地域福祉実践における機能，あるいは地域福祉におけるソーシャルワークの機能には2つの側面があり，これらの区別が重要な意味を持つとしている（松端 2018）。その2つとは，一人の専門職が個別支援から地域支援にわたる2つの機能を一体的に実践する実践的総合派と，複数の専門職もしくは専門組織・機関が分担し，個別支援系の専門職と地域支援系の専門職とが相互に連携を図ることで総合的に展開していけるようにしていく機能分化派である。

　一方，本書の第3章に該当する主張として，加藤（2019）では，松端の分類でいう実践的総合派CSWの立場から統合の可能性について論じてきた。改めて確認すると，加藤（2019）においては，その前提として①家族や地域住民等との相互作用で生じる二次障害によって社会的孤立となり，制度の狭間の課題を抱えるに至る蓋然性が高いこと，②社会的孤立や社会的排除に陥れられている人々は，大多数の地域住民から無自覚的に，そもそも考慮もされず困難を生じさせられており，これら差別や抑圧は潜在化していること，③この無自覚的な（社会）意識に個々人が気付くことで地域共生社会の実現に近づくと考えられること，を挙げた。そして，個別支援と地域支援の「統合」によって社会的孤立事例への有効なアプローチにつながり（すなわち個別支援の深化），無自覚的な社会意識への気付きの促しにもつながるなど地域共生社会の実現へ向かう（すなわち地域支援の推進）可能性があることを強調している。

　これらの議論について直島（2022）は，以下のように述べ整理している。個別支援と地域支援を統合的に捉えるか分化的に捉えるかという松端（2017）と加藤（2019）の意見は，一見対立しているように見えるが，必ずしもその理解は正しくない。個別の課題解決が目的であったとしても，それは結果的に地域づくりなどの地域支援を伴い，様々な資源との結びつきや開発，社会的な構造そのものへの働きかけへと連動する。そのことを一人で行うか，異なる者が連

携して行うかは理論的にはどちらでも構わない。むしろ重要なことは，ソーシャルワークにおいてミクロ・メゾ・マクロレベルは連動するものとして実践が組み立てられる必要があることであり，その連動が対象となるシステムをいかようにして変革していくのか，その変革に必要な視点は何かという点にあると考えなければならないであろう（直島 2022）。

このことに関して牧里（2023）でも，コミュニティソーシャルワーク機能を組織や機構に内蔵させる方式か，コミュニティソーシャルワークを遂行できる専門職員を配置する方式かの違いはあるが，「地域における個別支援と地域ネットワーク形成の支援を両立させることに変わりはない」と整理がなされている。またここでは，現行の高齢分野，障害分野，子ども分野，生活困窮分野にカテゴライズされた事業の統合化・包括化は，ソーシャルワークの「方法統合化の動向と軌を一にするということでは歓迎すべき施策」としながらも，「分野や事業の包括化とソーシャルワークの方法統合化がかみ合って相乗効果を出せるものになっているかは定かではなく，これからの実証的研究の成果を待つしかない」と課題提起がされていることを確認できる。

以上のことから，個別支援と地域支援の「2つの機能の重複領域」（松端2020）としての統合による意義——個別支援の深化，および地域支援の推進という相乗効果——を認めつつ，本章ではいち CSW 実践だけでなく「仕組みとして，市町村域全体でいかに個別支援と地域支援を統合し，相乗効果を生み出せるか」という方法論が明らかにされていない点を課題として捉える。そして，Ⅰ. 制度福祉とⅡ. 地域福祉，およびⅡ. 地域福祉とⅢ. まちづくりそれぞれの重なり（全国コミュニティライフサポートセンター編 2022）である参加支援の推進によって，市町村域全体での統合が可能となるのではないかと仮定し，その展開可能性を探っていきたい。すなわち統合による相乗効果を参加支援という形で，いち CSW の実践に留まらず市町村域全体で展開しようという点が参加支援の本旨であり，また参加支援事業を「個別支援と地域支援の統合を可能ならしめる事業」であると位置付け，検討していく。

なお，この点に関連し大橋は，社協にとってのコミュニティソーシャルワー

クの機能には次の5つが必要であると述べている。すなわち①問題発見のシステム，②総合相談，③専門多職種連携のシステム，④ソーシャルサポートネットワークづくりを含めた参加支援，⑤地域づくり，の5つである（大橋・原田・森脇 2023）。先述のとおり重層的支援体制整備事業を「コミュニティソーシャルワークが展開できるシステムを構築していくこと」（原田 2022）として捉えた際に，本章ではこの④の参加支援の推進のためには，例えば就労支援事業の実施やひきこもり対策としての居場所の設置など，単に何らかの単発事業を実施したり居場所を設置したりするだけでなく，市町村全体でコミュニティソーシャルワークを展開し，統合による相乗効果を意図的に生み出し，包括的支援体制の構築に向かう「エンジン」（原田 2022）として機能させることが重要であると捉えて論じていく。

第4節　実践的検討から探る参加支援推進の方法論

（1）部署横断的に地域福祉を推進する体制を基盤とした実践

①　対象

　本章ではO市とO市社協の重層的支援体制整備事業担当CSWによる実践事例から実践的検討を行っていく。O市とO市社協を取り上げる理由としては，Y年度から市と社協で重層的支援体制整備事業に取り組み[2]，社協へCSWを新規配置し個別支援と地域支援を一体的に展開していること，また生活支援コーディネーターや地域住民との連携推進を企図しボランティアセンターへCSWを配置していること，CSWを含めたどの部署の職員もふくし共育や中学校区単位の地域支援など地域福祉の推進に部署横断的に関わる体制があること等の理由からである。

②　分析手法

　分析手法としては，継続的比較法における「事例－コード・マトリックス」を作成し，タイプ分け（佐藤 2008）することで分析を行った。ここでは，O市

第 4 章　参加支援を推進する

表 4 - 1　O 市と O 市社協における参加支援に関わる事例とその分類

No.	対　象	参加の内容	支援主体	参加の経緯
1	住居のない無職中年者	介護事業所の送迎業務に従事	専門職連携を中心とした参加支援事例　第 4 節（2）①	個別支援として新たに参加につなげた事例
2	無職中年者	福祉事業所での職場体験を経て雇用に		
3	対人不安の強い生徒	高校進学，アルバイト従事		
4	不登校児童・生徒	登校再開（授業へのオンライン参加を含む）		
5	場面緘黙症のひきこもり者	就労サービスの利用開始		
6	ネグレクト状態の中学生	地域の社協の拠点の利用開始		
7	就労経験のない独居男性	専門職向け研修の講師に		
8	ひとり親世帯	学童による対象児とその世帯への支援		
9	外国籍の生徒	料理を通した交流の場の企画と参加促し		
10	外国籍の児童	上記 No. 9 への参加促しによる関係構築		
11	生活困窮状態の独居高齢者	生け花・茶道教室の講師に	専門職に加えて地域住民とも協働した参加支援事例	個別支援として新たに参加につなげた事例　第 4 節（2）②
12	家族不和状態の元大工・高齢者	リノベーションボランティアへの参加		
13	自傷行為のあるヤングケアラー生徒	学習支援など進学支援への参加		
14	8050 世帯の母	サロンへの参加		
15	外国籍の生徒ら	校内交流会の協働企画，参加促し		
16	不登校生徒	地域の支え合い活動への参加		
17	精神疾患のある若者	カードゲーム作成し地域活動へ		
18	身体障がいのある若年男性	地域活動への参加，担い手に		地域支援活動から新たに参加につなげた事例　第 4 節（2）③
19	「問題児」とされる児童	地域活動にて「福祉の仕事がしたい」		
20	視覚障がいのある中年男性	ふくし共育へ参加し「夢が叶った」		
21	LGBTQ 当事者	ふくし共育プログラムの検討，実施		

　の生活困窮者自立相談支援事業，教育相談担当，および O 市社協 CSW それぞれから提出された参加支援に関わる実践事例21事例について，支援主体および参加の経緯に着目してコード（概念的カテゴリー）化し，分類した（表 4 - 1）。具体的には，まず支援主体について，【専門職連携を中心とした参加支援事例】と【専門職に加えて地域住民とも協働した参加支援事例】とに分類した。そして後者についてはさらに，参加の経緯について，【個別支援事例として新たに

参加につなげた事例】と【地域支援活動から新たに参加につなげた事例】の2つに分類し分析した。[3]

（2）個別支援と地域支援の往還から分析する

① 【専門職連携を中心とした参加支援事例】（事例 No. 1-10）

生活困窮者自立相談支援事業，教育相談担当から提出された事例として，居住支援法人による一時生活支援事業を利用中の無職中年者が介護事業所の送迎業務に従事できた事例（No. 1）や，就労支援関連事業などを活用しても再就職に至らなかった対象者が，福祉事業所での職場体験を経て雇用につながった事例（No. 2），また対人不安の強い生徒が行政，中学校，CSW など多職種連携による支援によって進学やアルバイトに従事できた事例（No. 3）があった。

また CSW から提出された事例として，不登校児童・生徒が登校再開に至った事例（No. 4），場面緘黙症によるひきこもり者が就労サービスを利用開始できた事例（No. 5），ネグレクト状態にあり家に居場所のない中学生が，地域の社協の拠点を「安全な居場所」として利用開始した事例（No. 6）があった。加えて，長期に親の介護に携わり，就労経験のない独居男性 P さん（CSW が定期訪問し伴走していたが，「（介護に全てを捧げた）自分の人生は間違っていたのだろうか」と，いつも悲観的に話していた）が，生活支援コーディネーターらが企画した他の地区の「多機関連携会議」における専門職（障害関連の相談支援事業所やケアマネジャー）向け研修の講師として参加した事例が挙げられた（No. 7）。ここでは，自身の長年の介護経験や介護に対する向き合い方，専門職へ期待することなどを話し，一生懸命話を聞く参加者の姿を見て「自分の経験が役に立って嬉しい」「自分がやってきた介護は間違っていなかった」と自身の人生の肯定や生活意欲の向上につながったことが確認された。さらには，参加した専門職からも「P さんの"本人を主役"（ここでは被介護者である親を中心）とした介護のあり方から，自分たちが"支援者中心"の視点になってしまっていたことに気付いた」などの声があがっていた。

これらはいずれも，個人・世帯に複合的な課題があるため多職種連携が必要[4]

第4章　参加支援を推進する

な事例であり，重層的支援会議でケース共有を図るなど多職種連携を基盤として伴走することによって参加につながった事例であった。

　ここで，参加支援推進の方法論について考えてみたい。ここでは，重層的支援体制整備事業における多機関協働事業の推進によって，参加支援もさらに推進される可能性があるといえるだろう。すなわちチームアプローチによる多角的な視点のアセスメントや，複雑化・多様化している課題の解きほぐしによって参加支援が推進されるという点で，多機関協働事業と参加支援事業の一体的展開の必要性があるといえる。

　加えて，ここで特筆すべき点として，事業所の「越境」，すなわち「既成事実化した支援範囲やメニューから一歩踏み出す実践」（川向 2017）による参加支援事例が3事例見受けられた。具体的には，支援の狭間事例（ニーズ）を受け止め，伴走しながら協働体制をつくるという，CSW の“「のりしろ」機能”（第2章）による実践を基盤として，学童保育が，利用対象となる児童以外の兄弟の食事準備等についても対応を図ることで同世帯を包括的に支えた事例（No. 8）や，障害関連の福祉事業所が同施設内の調理室を貸し出し，複数の外国籍の生徒の交流の場として，彼ら・彼女らにルーツのある料理を CSW や同事業所職員とともにつくって交流を促すことができた事例（No. 9），そして精神疾患のある外国籍の母への支援の一環で，同世帯の子（本児にも問題行動が見られたが，その後減少）とつながるツールとして No. 9の交流の場が活用された事例（No. 10）が確認された。

　本章では，このように事業所や既存の住民活動が当初目的としていた事業・活動の支援範囲から一歩踏み出し（越境し），参加のための場や機会をつくる参加支援の型を，以下「越境型の参加支援」と呼びたい。参加支援推進の方法論として，参加支援事業を実施する事業者によって，例えば他の事業所でも「越境型の参加支援」が展開できるように，想定される「越境」の取り組みをメニュー化，アイコン化したり[5]，また各事業所へ可能な範囲での協力を求め，リスト化して協力事業所の見える化を図ったりすることで，「越境型の参加支援」の推進が可能となるのではないだろうか。

113

```
┌─ ポイント ─────────────────────────────────────┐
│ ・多機関協働事業の推進によって参加支援も推進される。              │
│   →多機関協働事業と参加支援事業の一体的展開を図れる体制をデザインすること │
│     が重要である。                                │
│ ・参加支援事業者の介入によって「越境型の参加支援」の推進が可能となる。      │
│   →「越境」の取り組みをメニュー化，アイコン化するなど工夫し，協力事業所の    │
│     見える化を図ることも重要である。                     │
└───────────────────────────────────────────┘
```

② 【個別支援事例として新たに参加につなげた事例】(事例 No. 11-17)

CSW から提出された事例として，自傷行為の見られた生徒が，学校や地域，CSW 等による伴走の結果，学習支援や子ども食堂，地域のボランティア団体の活動に参加するようになり自傷行為が落ち着いた事例（No. 13）や，家族不和状態であった8050世帯の母が，生活支援コーディネーターや地域包括支援センターと CSW の協働によってサロンに参加し，家以外の居場所の獲得につながった事例（No. 14）など，個別支援事例として地域の様々な場や活動へつながった事例があげられた。

加えて，「外国籍の生徒らが，母国語で自身の想いを表出する場がない」という校長先生から CSW への支援依頼により，地域の大学生ボランティア（外国語学科所属）の協力を得て校内交流会を企画した事例（No. 15）のように，事例 No. 9，10同様，新たに参加の場がつくられた事例も挙げられた。

また生活困窮者自立相談支援事業担当から提出された事例として，経済的な支援と並行して本人の生きがいづくりに関する支援として，子ども食堂主催者とともに「子どもたちへ生け花や茶道を教える教室」を開催し，講師として参加につなげた事例（No. 11）や，もともとの仕事経験（大工）を活かしたボランティア活動へ参加できるようになった事例（No. 12）など本人の強みを活かした参加支援が展開されていた。同様に CSW からも，不登校の生徒が地域の支え合い活動にボランティアとして参加し，自己肯定感の向上につながった事例（No. 16）や，精神疾患のある若者が子ども食堂等で子どもが遊べるようなカー

ドゲームを作成した事例（No. 17）など，地域におけるインフォーマルサポートとの接合によって本人の強みを活かした参加支援につながった事例が挙げられた。

　参加支援推進の方法論として，ここではインフォーマルサポートとの接合を促進することの重要性を確認したい。実際，「個別支援で関わっている対象者から『孤独だ』と聞いたが，地域にどのような居場所があるかわからず紹介できなかった」という相談員（例えば，比較的経験年数の浅い生活保護担当ケースワーカー）からの声も確認されたが，インフォーマルサポートとの接合を要する事例やニーズは，多くの場合潜在化しているとも考えられるだろう。これらは裏を返せば，インフォーマルサポートとの接合を促すためのコーディネーターの配置や議論の場の設置，またニーズと活動とをマッチングするための事業の充実などによって，本人の強みを活かした参加支援が推進される可能性があるといえるだろう。

> ┌─ ポイント ─
> ・コーディネーターの配置，議論の場の設置，ニーズと活動とをマッチングするための事業の充実などによって，本人の強みを活かした参加支援が推進可能となる。
> →潜在化しているニーズの顕在化を図ることが重要である（第5節で詳述）。

③　【地域支援活動から新たに参加につなげた事例】（事例 No. 18-21）
　本分類は，参加できる居場所や活動，事業などの「場」を，CSW をはじめとした専門職や地域住民等がつくり，新たに参加につなげた事例である。支援のベクトルとしては「地域支援から個別支援へ」である。ここでは以下のような事例が見られた。
　地域づくりの一環として，行政の協力も得ながら社協内の一中学校区担当が，部署横断的に「まちある⁽⁶⁾き」活動を企画した。活動内容を企画・検討する中で，支援センターの調整によって身体障害のある若年男性 Q さんも参加することとなった。このまちあるきを通して，ふくし共育の講師を担う当事者 R さん

と出会い，「自分も R さんのようになりたい」と，ふくし共育の担い手となった（No. 18）。また小学校の教員間では「話を聞かない問題児」として扱われていた児童（CSW も，小学校との定期的な情報共有・相談の場で把握していた児童）が，小学校でふくし共育を受け，Q さん，R さんや CSW と出会った。そこで上記まちあるき活動に誘われて参加することになった。車いすを利用する当事者らとともにまちを歩き，必要に応じて介助する様子を福祉事業所の職員から褒められ，「また（企画に）参加したい」「将来，福祉の仕事に就きたい」と，学習意欲の向上につながった（No. 19）。

　加えて，事例 No. 18 と同様に，新たにふくし共育実践への参加・参画につながった事例も確認された。もともと相談対応にて関わりのある支援センターの調整によって，ふくし共育への参加を得るに至った視覚障害のある中年男性は，CSW とともにふくし共育に参加後，「もともと高校教師になることが夢だった。目が見えなくなりその夢は諦めていたが，今日（ふくし共育に参加して）その夢が叶った」と，本人の自己実現にもつながった（No. 20）。また，これまで CSW が長期にわたり伴走してきた LGBTQ 当事者の S さんが「CSW に恩返しをしたい」と，ふくし共育へ参加するに至った。「大多数の人々には見えないであろう"生きづらさ"や"社会的障壁"に気付いてほしい」という CSW ら「ふくし共育プロジェクトメンバー」の思いに共鳴し，協働して新しいふくし共育プログラム（コラム⑦「当事者とともに行うふくし共育実践」）の開発を行った。そして中学校，高校で自身の体験を詳らかに語った。現在は，他市町においてもふくし共育の講師を務めたり，行政のパートナーシップ・ファミリーシップ宣誓制度の立ち上げに当事者として関わったりするなど積極的に活動を展開している（No. 21）。

　これらは全て，参加支援の推進によって本人の自己実現や意欲の向上など「個別支援の深化」につながっただけでなく，「地域支援の推進」にもつながることが確認できた。すなわち既存の場，活動，事業等に当事者が参加・参画することで，まちあるきやふくし共育等の活動が充実し，また当事者とともに無自覚的な社会意識への気付きの促しが可能となるなど，地域福祉のさらなる基

第 4 章　参加支援を推進する

盤強化にもつながることが示唆された。これらは，事例 No. 7，No. 11-12，16-17などと同様，本人（当事者）が支援の受け手から支え手へと変化することを促すことができるという点で，地域共生社会の実現に向けた理念が通底している参加支援であるといえよう。

┌─ ポイント ──────────────────────────────┐

・参加支援の推進によって，既存の場，活動，事業などに当事者が参加・参画することで，地域福祉のさらなる基盤強化にもつながる。

→部署横断的に地域福祉を推進する体制を活かし（あるいはその体制を新たに構築し），潜在化している当事者の参加を促進することも重要である。

└──────────────────────────────────┘

コラム⑦　当事者とともに行うふくし共育実践

　S さんは，LGBTQ 当事者としてのこれまでの生活から，「世間体（社会的障壁）が目に見えるようで，いつも自分に圧力をかけていた」と話していた。そんな S さんら当事者とともに，ふくし共育プログラムの検討を行う機会をいただいた。

　そこでは，例えば「普通ってなんだ？」をテーマにしたプログラムをプロジェクトメンバーで考えた。このプログラムでは，まず①怒り，喜びなどの言葉を色で表現するワークを職員が行い，色々な感じ方，考え方の人がいることを児童・生徒たちと再確認する。そして S さんに，自身の生育歴や，そこで対面してきた様々な社会的障壁などについて話題提供をしていただく。そしてまた職員から，まずは「自分の普通と相手の普通が違うかもしれないこと」を知ること・想像することが「ふだんのくらしのしあわせ」のためには大事であることや，「色々な普通」があることを知り，①それぞれの「自分の普通」の範囲が大きくなり，②それが重なって「皆の普通」になることで，誰もが「しあわせ＝笑顔」になるのではないかという点を強調して話した。

　また別のプログラムでは，「得意と苦手のかけ算」をテーマにしたプログラムを考えた。このプログラムでは，事前学習として児童・生徒たちが自身の得意なこと，苦手なことを考えてから授業に臨んだ。そして授業では，まず当事者（ここでは，LGBTQ 当事者以外にも様々な当事者の参加を得ることができた）とあわせて児童・生徒それぞれの「得意と苦手」を板書した。そして，これらを「かけ算」することでどうなるかを考えるワークを行った（写真 4 - 1）。ここでは，自分の苦手も誰かの得意に助けてもらえること，自分の得意で誰かの苦手を助けることができること，苦手も違う見方をしたら得意になること（リフレーミング）など，障害の有無，性別，年

写真4-1　当事者とともに実施するふくし共育の様子

齢などにかかわらず「皆の得意と苦手をかけ算すると，皆のしあわせになる」ことの気付きを促すことができた。なお，ここでは，職員や当事者も想定していなかった「苦手と苦手のかけ算」による「しあわせ」も子どもたちが見出していた[8]。

第5節　参加支援推進による重層的「統合」

　本章では，帰納的なアプローチによる概念モデルの構築（佐藤 2008）として「事例-コード・マトリックス」を作成し，事例を類型化した上で分析し，参加支援推進の方法論を探ってきた。そしてその方法論として，多機関協働事業と参加支援事業との一体的展開や「越境型の参加支援」の充実（第4節（2）①），インフォーマルサポートとの接合を促すコーディネーター（人）の配置，会議体（場）の設置，事業の充実（第4節（2）②）によって参加支援が推進される可能性があることを確認した。また部署横断的に地域福祉の推進を図る体制を基盤として，地域支援活動に当事者参加・参画を促すことによって，当事者本人の自己実現や意欲の向上など個別支援の深化につながるだけでなく「地域福祉の基盤強化」にもつながることを確認した（第4節（2）③）。

　ここで強調すべき点として，参加支援推進においては，参加支援を個別支援

第4章　参加支援を推進する

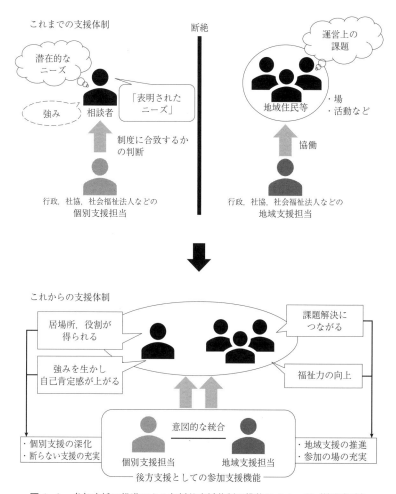

図4-3　参加支援の推進による包括的支援体制の構築のイメージ（筆者作成）

と地域支援の"統合機能"として捉えて，個別支援と地域支援を意図的に，仕組みとして多様な場，主体で一体的に展開させること——すなわち"重層的に統合を促進する"こと——が重要ではないだろうか(9)（図4-3）。例えば会議体（場）の重層化として，重層的支援会議（市町村全域）だけでなく，生活支援体制整備事業における協議体（中学校区），その他地域ケア会議や地区社協（小学

校区以下）など様々な会議体で参加支援について議論することもできるだろう。ここでは，小地域単位での有効的な取り組みを他の地区にも拡げていくことや，個別支援事例を参加支援につなげるだけでなく「地域支援活動にいかに潜在化している当事者参加を促すか」（第4節（2）③）という視点も重要である。またコーディネーター（人）配置の重層化として，複数の実施主体によって参加支援を推進することもできるだろう。実際，O市社協においてはいち福祉事業所の職員がCSW実践の一部を担っており[10]，それによって「越境型の参加支援」を推進するなど，その体制の利点を活かした参加支援実践を行っていた。

　このように参加支援"機能"を体現する人，会議体，事業などを参加支援事業として重層的に整備することが重要であり，仕組みとして「いかに個別支援と地域支援を重層的に統合できるか」——総体としていかに参加支援"機能"を体現できるか——をデザインすることによって，体制としての個別支援の深化，および地域福祉の基盤強化を図ることが可能となるのではないだろうか。これらのことから，ここで改めて，参加支援，および参加支援事業について次のとおり定義したい（表4-2）。

　ここでは，参加支援事業を，参加支援を推進し，「包括的支援体制を構築していくためのエンジン」（原田 2022）と位置付け定義した。参加支援事業によって参加支援"機能"を仕組みとして整備する——すなわち個別支援と地域支援を重層的に統合する体制を整備する——ことで，各支援者（福祉専門職，地域住民等）の「後方支援」として参加支援が推進可能となるだろう。後方支援としての参加支援"機能"が仕組みとして体現されれば，制度の狭間事例や，制度やサービスにつながっていても「既存の制度では対応できないニーズ」のある人々に対する「断らない相談支援」の充実にもつながるといえる。すなわち，これまで「紹介するサービス・制度がないから」などの理由で「相談を断らざるを得なかった」ことが懸念される制度の狭間の事例やニーズを[11]，各支援者が安心して受け止めることができるようになるだろう。

　加えて，ニーズキャッチにもつながる可能性があるといえるだろう。牧里（2023）は，包括的支援体制におけるニーズキャッチとサービス資源開発の重

第4章 参加支援を推進する

表4-2 本書における参加支援，および参加支援事業の定義

参加支援	「制度の狭間」の課題のある人々や，制度やサービスにつながっていても「既存の制度では対応できないニーズ」のある人々に対して（対象），地域資源の活用・開発を通して「参加」に向けたコーディネートを行い（方法），孤立の解消，およびその人にとっての居場所があること，役割があること，自己肯定感が上がること，また「地域支援の推進」にもつながることなど，顕在・潜在問わず個人・地域双方のニーズ充足を図ること（目的）
参加支援事業	福祉専門職の「後方支援」として，参加支援の「機能」を体現——すなわち個別支援と地域支援を重層的に統合——し，専門職・地域住民等が一体となって包括的支援を展開していく体制を構築するための事業

要性を強調する中で，「サービスの拡充がニーズを呼び起こす」ことがある点を指摘している。この指摘と同様に，後方支援としての参加支援"機能"が仕組みとして整備されることで，各支援者が「他にも何か困りごとはないですか？」など自身の業務（サービス・制度）で対応できる範囲を"越えた"困りごとについても意識を向けられるようになり，先述の潜在化ニーズ（第4節（2）②）の顕在化につなげることができるといえる。仕組み化[12]を図る際には，このような各支援者や行政窓口職員の行動変容を企図することも重要であるといえよう。

　また地域福祉の基盤強化に資する点も大きいといえる。当事者参加・参画による「場」が充実し（受け手から支え手へ），また専門職の学び，気付き（No. 7）やふくし共育を通した「当事者にしか見えない"社会的障壁"（無自覚な社会意識）」への気付きの促し（第3章）にもつながる（No. 31）など，地域共生社会の実現に向けた地域支援の展開が可能になるといえる。

　以上，本章では，参加支援事業により市町村単位で参加支援"機能"——重層的な"統合機能"——が仕組みとして体現されることで，孤立の解消，および対象者にとっての居場所があること，役割があること，自己肯定感が上がること，また地域支援の推進にもつながることなど，顕在・潜在問わず個人・地域双方のニーズ充足を図ることができるということを確認した。すなわち，当事者の自己実現や「断らない相談支援」の充実，潜在化ニーズの顕在化（ニーズキャッチ）につながるなど体制として個別支援が深化し，また当事者参加・

参画による「場」の充実や無自覚的な社会意識への気付きの促しなど地域福祉の基盤強化にもつながる等，地域共生社会の実現を見据えた包括的支援体制の構築に向かうことが示唆されたと考えられる。

ポイント

・参加支援"機能"が仕組みとして整備されることで，各支援者の「後方支援」が可能となり，制度の狭間の事例やニーズを安心して受け止められるようになる。
・後方支援により，各支援者が自身の業務（サービス・制度）で対応できる範囲を"越えた"困りごとについても意識を向けられ，ニーズの顕在化を図ることができる。
・当事者参加・参画による「場」が充実し，無自覚的な社会意識への気付きの促しにもつながるなど，地域福祉の基盤強化を図ることができる。

注
⑴　重層的支援体制整備事業について，富山県の氷見市社会福祉協議会においても「事業を行うことを目的にすると，縦割りを解消したり，制度と制度のすき間を埋めるどころか，新たな縦割りや制度の狭間をつくってしまい，これまで積み上げてきた地域や関係機関，行政のネットワークも崩れてしまう可能性がある」点が指摘されている（大橋・原田監修／氷見市社会福祉協議会編 2023）。
⑵　具体的には，Y 年度から移行準備事業を市から社協へ委託し，Y＋2 年度から本格実施となっている。
⑶　分析プロセスとして，それぞれの事例をもとにデータ（文書セグメント）を作成しコーディングを行いつつ，複数のコード間の比較，コードとデータの比較，およびデータ同士の比較を繰り返し行い分類した。そしてそれらデータやコーディング，および分類の妥当性について事例提供者らと複数回検証した上で分析を図った。なお，「参加の経緯」について，【専門職連携を中心とした参加支援事例】は全て【個別支援事例として新たに参加につなげた事例】であった。
⑷　倫理的配慮の観点から，それぞれの事例に紐づけた記述は避けるが，ここではLGBTQ，自殺企図，ヤングケアラー，難病，ダブルケアなどの課題がそれぞれ確認された。なお筆者は，「課題が複合的であればあるほど，それら課題やニーズを受け止めることで重層的な伴走型支援を展開できる可能性が高くなる」と考えてい

第4章 参加支援を推進する

る（第2章にて詳述）。

⑸ この例としては，例えば場（本事例のような調理室や談話室等）や人（事業所職員や利用者）の提供，車両の貸出（例えば，デイサービス事業所や幼稚園等の送迎車の日中貸出）などである。なお，これらの取り組みは社会福祉法人の地域貢献活動（社会福祉法第24条第2項）としても位置付けることができるだろう。またこの「越境」に関連して宮本（2023）は，子ども食堂が全世代食堂，誰でも食堂，介護予防事業ができる場，生活困窮者自立支援制度の学習生活支援の場，障害者福祉における指定相談事業の場にもなり得ることを指摘している。

⑹ 「まちあるき」活動とは，障害のある当事者や小・中学生，地域住民，福祉系大学の学生など幅広い参加者を得て，小学校区単位で地域を歩く企画（Y＋1年度は計4回実施）。地域住民は「子どもたちに伝え残していきたい原風景」など，まちの魅力を子どもたちに伝え，障害福祉事業所としては地域との交流の機会として参加する。地域住民，子ども，当事者それぞれの参加・活躍の場が意図的につくられている。これによって小・中学生にとっての「実践型ふくし共育」の一つとなり，また地域住民が障害当事者とともに歩くことで「社会的障壁」に気付くきっかけにもなるなど，当事者の社会参加以外にも複数の目的（裏テーマ）を持つ企画である。

⑺ 第4節（1）で確認したように，O市社協には部署横断的に地域福祉の推進を図る体制がある。本プロジェクトメンバーには，CSW の他にもボランティアセンターや支援センター，地域包括支援センター職員などが関わっており，プロジェクトチームとしてふくし共育プログラムの新規検討を行っていた。また大多数の人々には見えないであろう“生きづらさ”や“社会的障壁”については，第3章第1節の「無自覚的な社会意識」の議論を参照されたい。

⑻ 「苦手と苦手のかけ算」について，具体的には以下のとおりである。一人の子どもが「苦手なこと」として「人前で歌を歌うこと」と発表してくれた。それを聞いた別の子どもが手を挙げ，次のように話した。「僕は，歌を歌うことがとても下手だよ。でもさ，僕が先に歌えば，皆その後歌いやすくなるんじゃない」。

⑼ ここでは，例えば図4-3の上部「これまでの支援体制」における個別支援においては，「表明されたニーズ」に対する制度に合致するかどうかの判断（いわゆるサービス提供）が中心となっており，相談者の潜在的なニーズや強みに目を向けられていない（可能性がある）こと，また参加支援の推進によってこれらの現状を改善し得る（もしくは体制整備に際してはその改善をも企図する必要がある）ことを意味している。

⑽ Y＋1年度は，実習生という形で週2回，障害関係の事業所職員が CSW 業務を担っており，今後，同事業所としてコミュニティソーシャルワークを展開する上で

の基盤となる職員養成を図っていた。

⑾　本来，既存のサービスや制度にニーズ（クライエント）が合わせるのではなく，「クライエントにサービスや制度が合わせていく」（岩間・原田 2012）ことが求められ続けているが，必ずしもそうではない現状があり，「当たり前の福祉を享受できていない人々がいる」ことを筆者は懸念している。

⑿　この点について，先述（序章第4節）のように野村（2019）は，現在の地域福祉は「ソーシャルワークにより成り立っている」というよりも「人で成り立っている」といっても過言ではないとし，「"人ありきの福祉"からの脱却」を強調している。参加支援についても，「仕組み化」を図ることによって，包括的支援「体制」として属人的な実践から脱することができるだろう。なお，ここで注意したい点として，仕組み「ありき」で参加支援を考えるべきではないことも挙げておきたい。すなわち全ての参加をこの仕組みで結び付けるのではなく（限定的な運用ではなく），多様な参加を生み出すための仕組みづくりを参加支援事業として行うことが重要であることを強調したい。

| 第5章 | 対象者の「内的世界」をつかむ |

　これまで，コミュニティソーシャルワーク実践の支援の焦点，枠組みについて考察しつつ（第1章，第3章），重層的支援体制整備事業を活用して「体制」としての展開可能性を探ってきた（第2章，第4章）。しかし，体制整備「だけ」では限界があると筆者は考えている。すなわち体制整備を図るだけでは社会的孤立状態となっている人々への有効な支援に至らず，またそもそも対象者とつながることも難しいことがあるのではないだろうか。

　これらのことから本章では，包括的な支援体制の構築にはコミュニティソーシャルワーク実践理論の精緻化が必要不可欠であると考え，二次障害など「関係性の中で生じる問題」による社会的孤立事例に対して CSW が“どのようにアプローチができるか”という具体的な実践理論について，さらに検討を深めていきたい。ここでは，「関係性の中で生じる問題」の一つとして「被害感」に着目し検討していく。

　この被害感とは，例えば次のようなものである。「周りから，自分のことを笑われているように感じることがある」「何となく，相手から嫌われているように感じてしまう」「（休職中に）妻のかける掃除機の音が，『早く働け』と言っているように聞こえる」。これらは，筆者が CSW として対応した相談事例における被害感の一例である。またこうした事例とともに，被害感によって加害行為に至る事例や「支援拒否」の事例など，被害感が強いがゆえの「支援困難」事例も多く認められた。

　このように被害感があり，他者や社会とつながることが難しい社会的孤立事例に対しては，ストレングス・モデルなど既存の理論・方法論では支援が困難な場合があると考えられる。そこで本章では，現行のコミュニティソーシャルワーク理論や方法論にクライン派対象関係論を援用することで，他者との関係

性に課題を有する社会的孤立事例に対してどのような支援が可能となるかを探ることを目的とする。

　研究方法としては，筆者のZ年からのCSWとしての実践記録から探索的な分析を行う。はじめに，問題の所在として，関係性への支援の重要性の高まり（第1節）や，現行のコミュニティソーシャルワーク理論・方法論の有用性や限界（第2節，第3節），被害感へ着目する理由（第4節）などについて確認する。次に，クライン派対象関係論の諸概念について概観する（第5節）。そして，これらを援用することでどのように対象者の「内的世界」を理解することができ，また支援が可能となるのか実践的検討を行い（第6節），実践理論としてその展開可能性を探る（第7節）。

第1節　本人の視点に立った「関係性」への支援

　地域共生社会の実現に向け，社会的孤立や社会的排除の状態にある人々への支援が重要視されている（地域力強化検討会編 2017）。山崎（2017）は，社会的孤立を「人との接触が欠如し，社会的な活動に参加せず，困った時に頼りにできる人がいない」状態であると規定し，社会の最も基盤となる「つながり」が弱体化している「基盤的なリスク」であると強調する。この社会的孤立支援では，第2章第2節で確認したように「つながり続けることを目的とするアプローチ」，すなわち伴走型支援が重要とされる。またあわせて，「地域住民同士の支え合いや緩やかな見守り」を重視する必要もある（地域共生社会推進検討会編 2019b）。これらは「支援の両輪」であり，「生活全般の問題を本人の視点でとらえ」支援を展開することが求められている（日本ソーシャルワーク教育学校連盟 2019）。

　このように，社会的孤立状態にある人の「視点」を捉えた上で専門職や地域住民がつながることを企図することが重視されている。すなわち「本人の視点に立った"関係性"への支援」の重要性が高まっているといえる。しかし社会的孤立状態にある人々が抱えている課題の中には，制度の狭間と呼ばれるよう

第5章　対象者の「内的世界」をつかむ

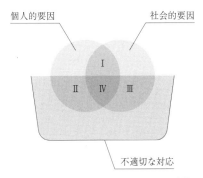

図5-1　「支援困難」事例の3つの発生要因（岩間 2009）

に，そもそも当てはまる制度がないものも多いだろう。これまで繰り返しみてきたように，制度の狭間は「関係性」の課題であり，近隣トラブルとして現象化しやすいことも指摘されている（熊田 2015）。

これらは「支援困難」事例の議論とも関連が深い。岩間（2009）は支援困難事例の発生要因として，①強い不安や精神的不安定，疾病などの「個人的要因」，②家族不和や近隣住民とのトラブル，地域の偏見や無理解，地域からの孤立や排除などの「社会的要因」，③援助関係の形成不全，環境への不適切な働きかけなど援助者側の「不適切な対応」の3つを挙げ（図5-1），「これらの要因が重なるところ」に支援困難事例が発生するとしている（岩間 2019）。加えて，サービス拒否，家族関係をめぐる問題など支援困難事例は「きわめて多種多様」であり，「近隣住民との人間関係上のトラブルが上乗せされると，その困難さは一気に増幅する」とされる（岩間 2019）。

このように，社会的孤立支援を検討する上では他者との関係性への支援が肝要であり，CSWによる支援展開が期待されている（室田 2014）。この点について，個別支援と地域支援の総合的展開（菱沼 2012）によって関係性への支援が可能となるという点で有用性がある（第2節）一方で，課題とされる支援困難事例等への対応においては現行の理論・方法論では限界がある（第3節）と考えられる。これらの点について，詳しくみていきたい。

第2節　統合による社会的孤立支援の有用性

これまでみてきたように，CSW の支援展開における特徴の一つとして，個別支援と地域支援の一体的展開（加山 2016）という共通項が挙げられる（菱沼 2012）。地域を基盤としたソーシャルワークも同様，日常生活圏域における「個を地域で支える援助(A)」と，「個を支える地域をつくる援助(B)」を並行して推進する点に特徴がある[1]とされる（岩間・原田 2012）。第3章で確認したように，ソーシャルワーク実践と地域福祉の推進とは深く重なるものであり，両者を一体的に捉えることで，より効果的で相乗的な実践をもたらすことができるのである。

このように，個別支援と地域支援を一体的に展開することが CSW による支援の特徴の一つであり，これらの総合的展開により個別支援は深化し，また地域共生社会の実現にもつながる。とりわけ個別支援においては，「他者との関係性における支援」として「地域支援を通した個別支援」（上記 B を通した A）が可能となることに意義があるといえる。

このことは，先に確認した支援困難事例（岩間 2009）への介入においても同様である。例えば地域住民への働きかけを通した近隣トラブル事例へのアプローチや，家族との面接を通したひきこもり本人へのアプローチなど，個人的要因への働きかけだけでなく，社会的要因へも一体的に働きかけられる点に有用性があると考えられる。

第3節　「被害感」への着目

人々の抱える地域生活課題には，福祉サービスだけでは解決できないものも多い。このことから「課題や問題を抱えながらも生活することを支援する」こともソーシャルワーク実践において重要であると認識され，ソーシャルワーク理論モデルは，治療モデルから生活モデル，そしてストレングス・モデルへと

拡大してきた（木戸・木幡 2014）。

　現在，CSW の支援においてもストレングスの視座（パースペクティブ）が強調されている[2]（神山 2015）。地域を基盤としたソーシャルワークにおいても，その基礎理論はジェネラリスト・ソーシャルワークであり（岩間 2011），その特質の5つのうちの一つとしてストレングス・パースペクティブが挙げられている（岩間 2008）。そして，とりわけ「本人主体」の援助においてストレングスは強調され（岩間 2019），課題や問題に取り組む意欲や力，その人の持つ「強み」を活かしていくという支援のあり方につながってきた（木戸・木幡 2014）。

　社会的孤立支援においても，特に「自己肯定感や自己有用感が低下している場合」などに伴走型支援が重要（地域共生社会推進検討会編 2019b）とされるように，確かにストレングスの視座は「実践基盤の重要な要素」の一つであるといえる。しかし一方で「曖昧」であり，「倫理的価値観」も含まれており，「ソーシャルワーク援助の一つの視点を提供しているにすぎないという見方」もある。またストレングス視点による支援方法の適性について，「どのように生きたいか」などの「希望が明確な人ほど適性が高いが，そうでない人には難しい」とされる（神山 2015）。とりわけ関係性に課題を有する社会的孤立事例への支援においては，本人主体の個別支援が難しい場合があるのではないだろうか。

　そこで本章では，本人主体の支援の「前段階」として，本人の視点を捉えた上での関係性への支援が必要であると考え，ストレングス・モデルが「強み」に着目するように，「被害感」に着目した支援のあり方について検討したい。この被害感とは，家族や地域住民など他者との関係性によって生じるものである。すなわち本人の視点では，問題の所在は他者，あるいは「他者との関係性の中」にあるのである。強みに着目した本人主体の個別支援が難しい場合の理由の一つとして，このような問題の「外在化」[3]が挙げられるのではないだろうか。

　加えて社会的孤立は，単に CSW 等の専門家が単独で対応して解決する問題

ではなく，周囲の地域住民や関係機関がその問題を改めて捉え直すことが必要とされる。そして，社会的孤立という「状況におかれた人に周囲の人間が共感し，改善のために行動をとるという状態への転換」が求められる。すなわち，「地域住民同士が共感に基づいて助け合うことを促進することが重要」なのである（室田 2014）。

　一方，対象者の抱える被害感は，家族や地域住民にとっての「現実」とは異なることもあるだろう。しかし，たとえ現実とは異なっていても，対象者本人の視点や認識では，それは「事実」（「心的現実」）なのである。これらのことから「地域支援を通した個別支援」においても，周囲の人々がその問題を改めて捉え直し，被害感を抱えることへの共感的理解に基づく助け合いの促進が求められるのではないだろうか。対象者への個別支援に加え，「被害感の強い状態にある人たち」を地域で理解し受け止めることも重要であると考え，その支援のあり方について検討していきたい。

第4節　ストレングス・モデルとの相互補完

　本章で被害感に着目する理由は，次のとおりである。先ほど「支援困難」事例における議論（岩間 2009）で確認したように，強い不安や精神的不安定，疾病など（個人的要因）によって被害感が生じたり，また地域社会との関係性（社会的要因）によって被害感が生じたりしており（例えば，「関係性の中で生じる問題」としての二次障害），それによって他者・社会とつながれず社会的孤立状態にある人々が一定数存在すると考えられるためである。

　また，本章で検討する被害感に着目したコミュニティソーシャルワーク実践理論は，先のストレングス・モデルに対して「相互補完的」な位置付けであると考えられる。ストレングス・モデルを用いた支援は「自尊心の低下や罪悪感から脱却し，自分の有用感や肯定感の向上をはかることができる」（岩間 2019）とされ，二次障害などによる自己評価・自尊感情の低下がみられる対象者に対して一定の効果があると思われる。その一方で，「周囲の働きかけを被害的，

第5章　対象者の「内的世界」をつかむ

迫害的に解釈」(吉川 2006) するなど被害感のある対象者の支援については，あわせて本理論によるアプローチも必要であると仮定したい。すなわち被害感が軽減されることで，ストレングス・モデルによる本人主体の支援が可能となる場合があると考える。

　次節では，被害感が他者との関係性の中で生じるものであり，また本人の「内的世界」(無意識的空想) に起因することから，内的世界を重視するクライン派対象関係論についてみていきたい。

第5節　クライン派対象関係論とは何か

(1) こころの世界を通して世界と関係するということ

　精神分析を創設した S. フロイトの考えを拡大させ，クラインは，子どもの分析を通して内的世界を発見し，精神分析学の一学派である対象関係論の基礎を築いた。クライン派対象関係論では，自己と対象 (図5-2) との「内的対象関係」の視座から個人の無意識を分析する。内的対象とは「こころの外側に客観的に存在している対象を取り入れた，その方のこころの中にある像」(若佐 2020) であり，対象関係とは「世界と関係する主体のあり方」である (北山 2001)。つまり (精神分析としての) 対象関係論の治療論は，歪んだ内的対象関係 (イメージ化された人や物との関係) を分析によって修正することである。対象関係論の治療目標について，松木 (1996) は次のように述べている。人は内的世界での体験や感覚をそのまま現実の外界に持ち込み，あたかもそれが現実の知覚や認識であるかのように混同する。そしてそれは，歪んだ認知や病的な判断，ふるまいを引き起こすことにつながる。内的世界を意識的に理解し客観的に見ていく作業を通して，外界を歪みなく知覚していけるよう援助していくことが目標である (図5-3)。

　これらの概念を基盤として，CSW による社会的孤立支援の展開可能性を探っていく。本章でクライン派対象関係論を取り上げる理由は，次の2点である。

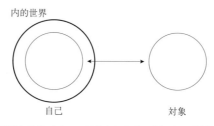

図5-2　自己と対象（イメージ化された人や物）との関係（筆者作成）

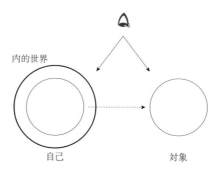

図5-3　内的世界の客観視（松木（1996）より筆者一部修正）

① クライン（Klein 1946＝1985）は，被害感を伴う不安（迫害不安）が優勢となる「妄想分裂ポジション」概念を提起した。本概念をコミュニティソーシャルワーク理論モデルに援用することで，社会的孤立状態にある対象者の心的理解につながると考えられる（第5節（3））。

② ビオン（Bion 1959＝2007）は，クラインの概念に母子の相互作用的視点を導入し，「コンテイニング」概念を提起した。本概念をコミュニティソーシャルワーク理論アプローチに援用することで，迫害不安の軽減を図ることができ，また支援の受け手から支え手へと変化を促すことを可能とすると考えられる（第5節（4））。

（2）交互作用の結果としての被害感

次に，精神分析としてのクライン派対象関係論と，本章で検討するコミュニ

第5章　対象者の「内的世界」をつかむ

表5-1　内的対象関係を重視する2つのアプローチ

個人への支援 「個人の内的世界からみた 他者との関係性への支援」	実際の環境への支援 「内的世界への理解の促しを通し た共感に基づく関係性への支援」
基盤としての「内的対象関係」の重視	

ティソーシャルワーク実践理論との関わり方の違いについて述べておきたい。クライン派対象関係論（精神分析）では，防衛強化に通じる「自我支持」などを排して転移解釈を中心とする（福本 2004）。一方，精神分析的理解を持っていても，支持的な枠組みでは転移の発展が不十分であるため，転移解釈はほぼ不可能とされる（吾妻 2018）。支持的な枠組みでの支援展開が基本となるコミュニティソーシャルワークでは，転移解釈などの技法を中心とした関わりは難しいだろう。[4]

　これらのことから，本章で検討するコミュニティソーシャルワーク実践理論は，精神分析を基盤とする診断主義（治療モデル）への回帰を企図するものではない。対象者を捉える視座として「人と環境の交互作用」に着目し，その交互作用の結果，被害感が強くなり社会的孤立状態となっていると考える。そしてそのような状態にある人々に対して，本人，および家族や地域住民がこの被害感を伴う内的世界を理解することを目的として，個人と環境（家族・地域住民等）双方へのアプローチを志向するのである。より明確に述べれば，内的対象関係，すなわち「個人の内的世界からみた環境との関係性」を重視し，個人への支援：「個人の内的世界からみた他者との関係性への支援」と，実際の環境への支援：「内的世界への理解の促しを通した共感に基づく関係性への支援」という2つのアプローチを志向する支援理論である（表5-1）。

（3）不安とこころのメカニズム

　クラインは，乳児の発達のごく早期（1歳以前）における母親との関係を中心に，とりわけ成長過程における「不安とその変遷」（Klein 1946＝1985）に注目し，そこで用いられる防衛機制の解明に貢献した（佐野 1976）。その一つと

して，クラインは，「子どもにとって良い（満足を与える）乳房と，悪い（欲求不満をひきおこす）乳房とに分裂する母親の乳房」（Klein 1946＝1985）との関係から，「同一対象が時に"悪い対象"時に"良い対象"と知覚される，いわゆる部分対象との関係しかな」く，「"対象は自分を迫害している"という被害的不安が優勢な時期」である「妄想分裂ポジション」概念を提起した（佐野 1976）。

　この妄想分裂ポジション概念における不安の変遷は次のようなものである。自分自身の憎しみや怒りの感情などの攻撃性（破壊衝動）は，自分を内側からバラバラに断片化してしまう恐怖や不安（破滅‐解体不安）を生じさせる。この不安は，一連の原初的防衛機制（分裂，投影，投影同一視[5]等）によって，他者からの攻撃という「迫害不安」へ，その性質を変える[6]（松木 1996）のである（そして後に詳述するように，迫害不安に対する本人の反応が周りに「問題行動」として捉えられ，現象化しているといえる）。この乳児の心的態勢を，妄想性の不安（迫害不安）と分裂の防衛機制から，妄想分裂ポジションと命名したのである（図5‐4）。

　なお，図5‐4の作成にあたっては「わかりやすさ」を重視したが，これらはイメージであり，例えば「投影」では，実際に何か具体物が浮遊するわけではないことに注意したい。また原初的防衛機制としての分裂・投影・投影同一視は，段階的に起こるというよりは同時一体的に起こっていると考えるといいだろう。またクラインによれば，不安の強さは「破滅‐解体不安＞迫害不安」である（すなわち不安を軽減するためのメカニズムが防衛機制である）。前者であれば攻撃性（破壊衝動）は自身の中にあり，どこに居ても逃れることができないが，後者であればその相手（迫害対象）から距離を取るなど，（迫害）不安に対する現実的な対応が可能となるのである。

　次に，この「ポジション」という概念について着目したい。クラインは，妄想分裂ポジションと，これら良い・悪いという「極端なふたつの関係性が統合に向かうときの状態」（北山 2001）である「抑うつポジション」という2つの心的態勢を提起した[7]。この抑うつポジションとは，先の「良い乳房」と迫害的な「悪い乳房」が実は母親の同じ乳房であると気付いていく時期であり，罪悪感につながる「抑うつ不安」が優勢な時期である（松木 1996）。

第 5 章　対象者の「内的世界」をつかむ

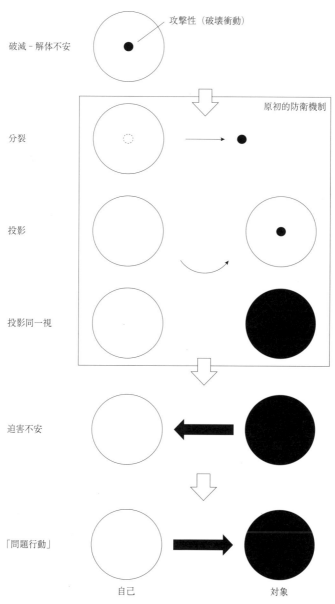

図 5-4　妄想分裂ポジション概念における不安の変遷と原初的防衛機制のイメージ（筆者作成）

そして，人は大人になっても，対人関係において常にこの2つのポジションのどちらかをとっているとされる（松木 1996）。すなわちポジションは，乳児期だけでなく，一生を通じて存在し続ける対象関係，不安，防衛のあり方を意味しており，クラインは「単に一過性に生起（通過）する"時期"あるいは"段階"ではないことを強調する」（Segal 1973＝1977）ために，また「この移行過程が一度限りのことでも，一方向のことでもない」（木部 2006）ために，このポジションという用語を選んだのである。

　これら2つのポジションや防衛機制について，若佐（2020）は次のように述べる。妄想分裂ポジションは「より原始的なこころの動き」，抑うつポジションポジションは「高度でアンビバレントにも耐えうる健康なこころの動き」である。防衛機制とは，欲求不満や葛藤による不安を経験した時，そうした不快な感情を弱めたり避けたりしようとして様々な方法で自己を防衛しようとする無意識の正常な反応のことを指すが，これが過剰に働くと不適応となる。妄想分裂ポジションでは非常に強力で大規模な防衛機制が働き，適応が難しくなる。抑うつポジションでは合理化や知性化，退行など，自分が傷つかないように一般的に用いられる防衛機制が働く。どちらか一方のポジションのみでこころが動いているわけではないが，どちらが優勢かは押さえておきたい。

　人はストレスに出合えば，抑うつポジションにある心的態勢が妄想分裂ポジションに容易に戻る（木部 2006）ことがあり，孤独や体調不良，人間関係上の問題が生じた時などストレス状態にあると妄想分裂ポジションへ移行しやすいといえる。また斎藤（2007）は，ひきこもり状態にあると妄想分裂ポジションになりやすいことを挙げ，ひきこもり支援に援用している。この点に関連して北山（2001）は，妄想分裂ポジションは乳児だけの問題として解釈するのではなく，クライン学派の考え方に立てば，この好悪の分割と統合の交代の概念は「広く応用可能なもの」であることを強調する（コラム⑧「妄想分裂ポジション概念からのあおり運転の考察　その1」）。

　これらのことから本章では，妄想分裂ポジション概念を社会的孤立状態にある対象者の心的理解へ援用することを検討していく。加えて，CSWと本人，

第5章 対象者の「内的世界」をつかむ

CSWと家族・地域住民など二者間における支援の展開可能性についても検討していきたい。このため，次項では，クラインの概念に母子の「相互作用的視点」を導入したビオンの概念についてみていきたい。

┌─ ポイント ─────────────────────────┐
・クラインは，子どもの分析を通して，妄想分裂ポジションと抑うつポジションという2つの心的態勢を提起した。
・妄想分裂ポジションでは，【破滅‐解体不安】への原初的防衛機制として，①自身の攻撃性（破壊衝動）は「分裂」し，②他者へ「投影」され，③その攻撃性（破壊衝動）と他者は同一視され（「投影同一視」），④他者からの攻撃という【迫害不安】へと性質を変える（そして【迫害不安】への反応としてひきこもり，近隣トラブルなど⑤「問題行動」という形で現象化している（後に詳述））。
・人は誰でも，孤独や体調不良，人間関係上の問題が生じるなどストレス状態にあると，妄想分裂ポジションの心的態勢へ移行しやすい。
└──────────────────────────────┘

コラム⑧　妄想分裂ポジション概念からのあおり運転の考察　その1

　近年，あおり運転によるトラブルが増え，社会問題となっている。自身の身を守るためにドライブレコーダーを付ける人も多いだろう。ここで，妄想分裂ポジション概念を応用してあおり運転について考えてみたい。これらの議論を，妄想分裂ポジション概念の理解に役立ててほしい。

　さて，運転をする人の中には，普段は優しい（少なくとも，優しく見える）のに，運転をすると「人が変わってしまう」（「スイッチが入る」ともいう）人がいる。少し割り込みをされただけでカーッとなってしまい，クラクションを鳴らしたり，執拗に追い掛け回したりと，いわゆるあおり運転をしてしまう。なぜ，そこまで「カーッと」なってしまうのか考えてみたい。

　車で走っていて，隣の車線から急に割り込んできた車がいるとしたい。それは，こちらの車が見えていなかったからかもしれない。相手の運転手が急に腹痛に襲われ，トイレを探していたからかもしれない。パートナーが出産間際で，病院に急いでいたからかもしれない（これは実際にあった話である。夜間，筆者がバイクに乗っていた際に，無理に追い越され非常に危険を感じたが，信号待ちで相手の車と並んだ際，そのような事情を叫んでいた。それでも，危ない運転はどうかと思ったが）。

　このように，ひょっとしたら様々な事情がその背景にあるかもしれない。しかし

137

「カーッと」なっていると，そのような背景にあるかもしれない事情を含めた物事の「全体像」はみえず，また推測もできず，一つのこと（部分），つまり「割り込まれた！」ということしか見えないし，考えられないのである。

　それでは，その車の運転手のことを知っていたらどうだろうか。例えば，自分の両親や親しい友人の車と並んで走っており，その車が割り込んできたら，どうだろうか。「急に進路変更が必要になったのかな？」「誰かから電話がかかってきて停まるのかな？」「後の車にあおられて恐怖を感じていたのかな？」と，怒るどころか心配になることもあるだろう。

　しかし，通常，割り込んでくる車は知らない相手であり，相手の顔も見えない。ここが，あおり運転を引き起こす大きな要因の一つではないかと考えている。

　例えば私たちは，自分の調子が悪い時に，学校の教室や職場に入り談笑して笑っている人たちを見ると，「ひょっとしたら自分のことを見て笑っているのではないか」と感じてしまうことがある。自分のことを「ダメ人間」だと思っていると，親の何気ない言動から「やっぱり自分はダメ人間なんだ」と感じてしまうこともあるだろう（これについては，それまでの両親との相互作用の結果であり，一概にはいえず，あくまで例である）。

　割り込んできた車に対しても，自分自身がイライラしている時と，幸せな時とでは，感じ方は明らかに変わると思われる（幸せな時は，むしろ安全運転のために車間距離をあけるかもしれない）。

　つまり，顔の見えない相手・車に，「自分の中の感情を映し出して見ているのではないか」ということである。自分の中の感情を見て，それに対して反応して「馬鹿野郎」と怒っているのである。自作自演のようなものかもしれない。自分自身の（普段は抑えられている）攻撃性などが引き出され，相手の車に映し出し，それを自分に対する攻撃性と感じ，それに反応しさらに攻撃性が引き出されているといえる。すなわち「中からと外から」と，自分自身を2倍攻撃している（されていると感じられる）のである。そう考えると，あのように激しく激高するのもわかる気がするだろう（もちろん，あおり運転を肯定しているわけではない）。

　それでは，我々はどうしたらいいのだろうか。この点については，コラム⑨「妄想分裂ポジション概念からのあおり運転の考察　その2」で触れたい。

（4）不安を包みこむこと

　ビオンは，外的対象である母親が果たす乳児（の内的世界）への積極的役割

と，それに伴う思考の発達に注目し，コンテイニング概念[8]を提起した（Bion 1959＝2007）。ビオンにおける母子の交流モデルは次のようなものである。飢えなど，「破滅‐解体不安」を引き起こすような「自分でもコントロールできない，取り除きたいほど嫌な感覚，知覚，欲求，感情」すなわち「異物」（斎藤 2007）は，母親に汲み取られ，心に取り入れられ包みこまれる（コンテイニング）。例えばこの「飢え」であれば，母親は乳児が「お腹を空かし泣きわめいていること」を適切に理解し，抱き上げ，みずからの乳首を含ませる。母乳を飲むことで乳児の苦痛は和らいでいくが，それは，乳児には母親の中へ「苦痛の排出がうまくいったこと」として体験される。母親の対応で，破局的な苦痛にまで高まっていた欲求不満は充たされ，その恐怖は癒される。すなわち母親の中に投げ入れられ，留め置かれていた不安は，乳児に持ちこたえられるものとなって適切な時に戻されるのである（松木 1996）。

　この母子のやりとりが繰り返される中で，乳児は思考を発達させていく。この過程で乳児は，和らげられた不安を自分の中に戻すだけでなく，母親の包みこむ機能（コンテイナー機能）をも取り入れるのである（松木 1996）。換言すれば，原初的防衛機制で対応することしかできなかった「破壊衝動」は，コンテイナーとしての母親によって受け取られ，解きほぐされ，取り扱いやすいものにして返される（北山 2001）。この繰り返しにより思考は発達し，自身でその不安を取り扱えるようになるのである[9]。すなわち投影同一視は起こりづらくなり，迫害不安も軽減されると考えられる。

　このような母子の交流モデルから，母（乳房）／子（乳幼児）は，含み込むもの／含み込まれるものとしてコンテイナー／コンテインドと表現された（松木 2009）。そしてこの「コンテイナー／コンテインド」モデルは，支援者／対象者といった個人の二者間だけでなく，「地域とそこに住む人々」を理解していくことにも有用であることが示唆されている（松木 1996）。

　これらの「相互作用的視点」による支援枠組みをコミュニティソーシャルワークに援用することで，すなわち"面接によって本人の不安を解釈・意味付けし，本人にとって理解可能で持ちこたえられるものとして返していく[10]プロセス

を繰り返す”ことで，対象者自身も解釈や分析ができるようになり，被害感を伴う不安が軽減されていくのではないか（第6節の事例(1)）。また“家族や地域住民が，妄想分裂ポジション概念を通じて被害感が生じるメカニズムを知り，対象者の心的理解に努める”ことで，本人の視点，すなわち内的世界を捉えた上での共感に基づく支え合いを可能ならしめるのではないだろうか（第6節の事例(2)）。これら個人の内的世界からみた他者との関係性への支援，および内的世界への理解の促しを通した関係性への支援の展開可能性について，それぞれ検討していきたい。

＝ポイント＝

・ビオンは，外的対象である母親が果たす乳児（の内的世界）への積極的役割と，それに伴う思考の発達に注目し，コンテイニング概念を提起した。
・「破滅–解体不安」を引き起こすような「異物」は，母親に汲み取られ，心に取り入れられ包みこまれる（コンテイニング）。そして乳児に持ちこたえられるものとなって，適切な時に戻される。それにより，和らげられた不安を自分の中に戻すだけでなく，母親の包みこむ機能（コンテイナー機能）をも取り入れる。
・母子の交流モデルから，母（乳房）／子（乳幼児）は，含み込むもの／含み込まれるものとして「コンテイナー／コンテインド」と表現され，支援者／対象者だけでなく「地域とそこに住む人々」を理解していくことにも有用であることが示唆されている。

第6節　クライン派対象関係論からの事例解釈

本節では，CSWの実践事例として，社会とつながることができないひきこもり事例，および本人と接触することができない近隣トラブル事例の2つから検討する。なお，事例の一つは，第3章で取り上げた事例を改めて取り上げ，クライン派対象関係論の概念から再解釈を試みたい。加えて，ここで対象とする事例は，適宜受診勧奨の必要性についても検討し，医療との連携を視野に入れながら対応している事例であるが，緊急性を要するものや重症の精神障害の

第 5 章　対象者の「内的世界」をつかむ

患者等ではないことを断っておく。

■ 事例(1)　《ひきこもり》事例の概要と対応

　T 氏（20代女性）は，大学を中退後，いくつかのアルバイトを経験するも「人間関係が合わず」辞めてしまい，それ以降家にひきこもる生活となる。非常に劣等感が強く，また母親とも関係が悪く，母親が仕事から帰宅すると自室へこもり，接触を避ける生活を続けていた。

　T 氏はもともと漫画を描くのが得意なことから，介入当初は，CSW から社協の発行物や CSW の紹介冊子の作成を依頼することとした。それにより発行物を見た民生委員から他のチラシ作成の依頼を受けるようになるなど，評価も得ていた。しかし T 氏にとっては「CSW との月に一度の面接は"幻想"のようであり，面接が終わり一歩外に出れば，また不安が募りイライラしてしまう」とのことだった。T 氏のストレングス強化を試み，民生委員とは話ができるようになるなど一定の成果はあったが，「母親の生活音が自分を責めている（ように聞こえる）」「窓の外から聞こえてくる子どもたちの声が自分を馬鹿にしている（ように感じる）」「自分は気持ち悪いと思われている（に違いない）」といった強い被害感を伴う不安は拭えなかった。

　そこでアセスメントとして，妄想分裂ポジション概念を援用し，次のような見立てを行った。T 氏の「内的世界における母子関係[11]」においては，未処理の感情（例えば T 氏にとって「母親から自分の思いを汲み取ってもらえず大事にしてもらえなかった」という強い思い）があり，「母親」に対する強い攻撃性（破壊衝動）がある。しかしこれらを T 氏の内部に保つことができず（分裂），母親や外から聞こえてくる声などに投影される。そして，母親の生活音から責められている（投影同一視）といった強い被害感（迫害不安）が生じ，それによって他者とつながることもできず様々な生活不安を抱えていた。換言すれば，基本的に妄想分裂ポジションの心的態勢となっていた。

　これらの見立てから，T 氏へ妄想分裂ポジションなどの概念を伝えることとした。目的としては，本概念を通じ投影同一視などのメカニズムに気付き，

141

最終的には自身で解釈できるようになることである。伝え方としては，従来の冊子作成を通して緩やかに伝えていくこととした。冊子第2弾としてCSWによる社会的孤立事例への対応について，第3弾としてクライン派対象関係論の諸概念についてCSWから説明し，それを漫画として作成する過程を通して本概念について繰り返し説明した。また事例を通して，T氏の被害感を伴う体験に近似するもの（例えば近隣トラブル事例で，音に対して反応してしまうなど）を例示し，それらをもとに面接内で本人の不安を解釈していった。

　この結果，面接において「本当は馬鹿にされているわけではないのに，そう聞こえる」「これは自分が原因なのかもしれないが」等，母親など他者との関係性の中で生じる感情について自身で解釈や分析ができるようになってきた。また現実の母親とも少しずつではあるが向き合えるようになり，「自分の思いを伝えてみることができた」などの変化がみられた。そして，強い被害感を伴う不安を訴えることが少なくなり，本人にとっての被害感が軽減したと考えられる。

　加えて，CSWとの面接や漫画の作成を通して自身の不安が解釈され，コンテイニングされた結果，「同じ悩みを持った人たちの居場所を作りたい」とCSWへ提案するようになった。介入当初は口数も少なく消極的であったが，現在はクライン派対象関係論の紹介漫画の作成と並行して，居場所作りのための広報チラシ作成や企画，運営にも積極的に参画するようになった（Z＋6年3月現在）。

　以上，本事例では，個人の内的世界からみた他者との関係性への支援として，T氏本人への働きかけを中心に確認した。加えて，母親への働きかけを通して現実的な対応の見直しを図るなど，内的世界への理解の促しを通した共感に基づく関係性への支援を検討することも可能だろう。このことについて，次に，本人と接触することができない近隣トラブル事例からみていきたい。

■ 事例(2) 《近隣トラブル》事例の概要と対応

　G氏（50代男性）は，数年前の「ちょっとしたトラブル」をきっかけに，隣

第5章　対象者の「内的世界」をつかむ

人H氏（40代女性）ら地域住民に対して暴言を吐く，監視をするなど「問題行動」を起こすようになった。このことについてH氏から「どうにかしてほしい」とCSWへ相談が入った。H氏は「どうして暴言を吐かれるのか理解できず，苦しんでいる」とのことだった。また行政職員等が本人との接触を試みるも，支援にはつながらなかった。

　H氏から話を聴き，妄想分裂ポジション概念を援用して次のように解釈した。もともとG氏の内部にあった攻撃性（破壊衝動）は，数年前の「G氏にとっての"ちょっとしたトラブル"（しかしH氏にとっては重大な意味を持つと解釈できる可能性を否定できないトラブル）」などをきっかけとして高まり，自分が内側からバラバラになってしまうような非常に強い不安（破滅‐解体不安）を引き起こすため，無意識のメカニズム（原初的防衛機制）によって自身から切り離された（分裂）。そして，切り離された攻撃性（破壊衝動）はH氏に映し出され（投影），投影物はH氏と同一とみなされている（投影同一視）。この結果，G氏の内的世界では，H氏は「攻撃をしてくる人」（迫害者）となり，攻撃「される」不安として体験されている（迫害不安）。

　これらの過程を経て，G氏は「H氏から攻撃されている」と感じ，G氏の攻撃性がさらに引き出され暴言を吐いている（ここで近隣トラブルとして現象化している）。加えて，これらG氏の暴言等に対して実際のH氏ら地域住民が否定的な反応を示すことによって，G氏の迫害不安がより高まるという"悪循環"も起こっている。そして，このような交互作用の結果，G氏は社会的孤立状態になっていた。換言すれば，H氏ら地域住民にとって「理解できない」がゆえに，G氏は「異物」としてコミュニティから排除（分裂）されていた。

　このような解釈をもとに，H氏をはじめとした地域住民とともにG氏への対応について検討した。ここでは，CSWが妄想分裂ポジション概念を通して被害感が生じるメカニズムを伝え，そこからG氏の内的世界の理解に努めた。とりわけ，体調が悪い時や疲れている時，イライラしている時などに「周りから自分のことを笑われているように感じる」「何となく，相手が怒っているように感じてしまう」など，我々にとっても身近な例を用いて説明を行った。す

143

るとH氏ら地域住民は「はじめて，これまでのG氏の言動の意味がわかった」「家の前での"井戸端会議"や夫の"バットの素振り"など，私たちの行動もG氏にとっては"攻撃"と認識されていたのかもしれない」「G氏がいると不安だったが，一番不安が強いのは実はG氏ではないか」と本人の視点を捉え，共感を伴う理解を示した。換言すれば，これまでの暴言など加害行為の背景にある被害感に目を向けることができた。そしてG氏に対する見方が，排除する考え方から「G氏に対して，自分たちにできることは何かないか」と変わった。すなわち，G氏の「問題行動」に悩んでいたH氏ら地域住民は，CSWの介入によりG氏の内的世界をつかむことができ，G氏の言動の意味を解釈できるようになった。加えて，自らの無自覚的な態度（顔を合わせると避ける等の否定的な反応）によってG氏の迫害不安を強化していた（上記"悪循環"）ことに気付き，はじめて「我が事」となり，本人支援のあり方を考えていくことができた。

　具体的な本人支援に向けては，次のことを検討した。投影同一視は「同じ空間で一緒に暮らしているのに，会話がない状態」で起こりやすいとされる（斎藤 2007）。これは「同じ地域で生活している（音や気配等はわかる）のに，会話がない状態」でも同様と思われる。このことから，「意図的に会話を増やし投影同一視を防ぐことで"悪循環"を断ち切る」ことを企図し，地域住民とともに「自分たちからG氏へ声をかけよう」と支援を展開することとなった。この結果，G氏と挨拶や日常会話ができるようになるなど変化が生じ，最終的にトラブルは解消された。

第7節　包みこむ支援の循環

　本章では，他者との関係性に課題を有するひきこもり，および近隣トラブル事例から，コミュニティソーシャルワーク理論にクライン派対象関係論を援用することで，二次障害など「関係性の中で生じる問題」による社会的孤立事例に対してどのような支援が可能となるかを探ってきた。事例(1)では，T氏は

第5章 対象者の「内的世界」をつかむ

生育歴上における「母親」などとの交互作用の結果，被害感が強い状態となっており，ストレングス・モデルによる支援は難しいと考えられた。すなわち本人の視点からみると，問題の所在は本人の「外」にあり，他者からの迫害に対する不安に圧倒されていたため，本人主体の支援にはつながらなかった。これに対し本事例では「個人の内的世界からみた他者との関係性への支援」として，妄想分裂ポジション概念から，本人が自身の心的理解に努めるよう CSW が促した。またアプローチ方法として，自身で解釈できるようになることを目標としたため，一度に全て CSW が解釈するのではなく，漫画作成を通じて緩やかに解釈を伝えていった。この結果，T 氏は CSW との面接（コンテイニング）によりコンテイナー機能を取り入れ，徐々に自身でその不安を取り扱えるようになり，最終的に迫害不安は軽減されたと考えられる（CSW／T 氏）。

　これらのプロセスを経て，T 氏（支援の受け手）はコンテイナー（支え手）となり，主体的に，同じ悩みを持った社会的孤立状態にある人々のコンテイニングを企図できるようになった。換言すれば，ストレングス・モデルとの相互補完的な支援として被害感に着目したアプローチを行うことによって，本人の強みを活かした支援が可能となり，地域共生社会の実現に向けた地域支援の担い手となったと考えられる（T 氏／社会的孤立状態にある人々）。

　事例(2)では，G 氏の被害感が強く，専門職や地域住民が本人とつながることができないために本人主体の支援が難しかった。そこで「地域支援を通した個別支援」として「内的世界への理解の促しを通した関係性への支援」を企図し，G 氏本人への働きかけではなく，まずは H 氏ら地域住民（コミュニティ）への働きかけを行うこととした。具体的には，被害感への着目から，妄想分裂ポジション概念を援用して被害感が生じるメカニズムを伝え，G 氏の心的現実を解釈することを試みた。それにより，H 氏ら地域住民が G 氏の被害感を伴う内的世界を理解することができた。すなわち，CSW によって「コミュニティをコンテイニング」することで，H 氏ら地域住民がコンテイナー機能を取り入れ，理解できないがゆえに「異物」として切り離されていた G 氏本人の視点を捉えた上で，コンテイナーとして共感に基づく「関係性への支援」が可能と

145

なった（CSW／コミュニティ）。この結果，地域住民がG氏をコンテイニングできるようになり，G氏の迫害不安は軽減され，近隣トラブルは解消されたと考えられる（コミュニティ／G氏）。

　ここで，被害感に着目する意義について改めて検討したい。この被害感は，人と環境の交互作用の結果である（第5節（2)）。事例(2)において，当初H氏ら地域住民にとって問題は外在化しており，「G氏の問題」であった。しかし交互作用の問題として捉えることで，「自分たちにできることは何かないか」と「我が事」へと変わったのである。そして，問題に取り組む意欲や力（木戸・木幡 2014）が引き出され，支援へとつながっていった。このような被害感への着目により，「地域支援を通した個別支援」においても，ストレングス・モデルとの相互補完的な社会的孤立支援が可能となるのではないだろうか。

　以上，本章では以下のことを明らかにした。コミュニティソーシャルワーク理論にクライン派対象関係論を援用することで，社会的孤立状態にある対象者の心的理解の一助となり，被害感の軽減を図ることができるなど，個別支援は深化する。すなわち，ストレングス・モデルとの相互補完的な社会的孤立支援として，個人の内的世界からみた他者との関係性への支援により，本人主体の支援が展開可能となる。また，内的世界への理解の促しを通した関係性への支援により，地域住民との協働による共感に基づく支え合いが可能となる。そして，これらクライン派対象関係論を援用したCSWの個別支援と地域支援の一体的展開によって，本人（対象者）や地域住民が支援の受け手から支え手へと変化することを促すことができるなど，地域福祉のさらなる推進にもつながることが見出された。このように本章で提示したコミュニティソーシャルワーク実践理論は，地域共生社会の実現に向かうための実践的な理論・方法論として一定の展開可能性を示唆するものと考えられる。

コラム⑨　妄想分裂ポジション概念からのあおり運転の考察　その2

　コラム⑧では，妄想分裂ポジション概念からあおり運転について考察した。それでは，我々はどうしたらいいのだろうか。ここでは，予防の観点から考えてみたい。

第5章 対象者の「内的世界」をつかむ

　私たちは，こころが落ち着いている時は，「なぜあんなに怒ってしまったんだろう」
と思えることもあるかもしれない。「今日は嫌なことがあったし，イライラしちゃっ
ていたかな」と反省することもあるだろう。「相手にも，何か事情があったかもしれ
ないな」と，物事の背景を含めた全体像をみようと思えるかもしれない。

　つまり，「カーッと」なり激高した際に（スイッチが入った時に），そのような状態，
すなわちスイッチが入っていない状態を思い出し，そこに戻れることが大切なのでは
ないかと考える。

　これは，やや抽象的ではあるが，子どもが夢をみた後に，現実世界で振り返り「あ
れは夢だった」と夢を夢として認識できるようになることと似ているかもしれない。
いずれにしても，「カーッと」なった際に，平常心に戻れるトリガーのようなものが
あればいいといえる。そこで，例えば次のような映像を作ったらどうだろうか。

　カップルが車でデートをしている。運転をしている人は，昨日，嫌なことがあった
ばかりである。「気分転換になれば」とドライブデートに出かけたが，そこに，いき
なり車が割り込んできた。それを見たその人は，非常に怒り狂って，前の車を執拗に
追いかけていく。それはまるで，目の前にニンジンを吊るされた馬のように，鼻息を
荒くして一直線に向かっている。あおり運転による危険性はもちろん，そのような車
に同乗しているパートナーの恐怖，パートナーへの思いやりなども考えることができ
ない。ましてや，あおり運転をされている人の恐怖にまでは気が向かないだろう。

　そして，その人はすっかり「馬」になってしまい，2人は破滅してしまう……。

　このような，インパクトのある映像にすればいいだろう。そして，私たちが運転中
カーッとなりそうな時に，「あ，自分は今，この前映像で見た馬のようになっている
かもしれない」と，自分を客観視できるようになることが大切なのである（映像でい
えば，助手席にいるパートナー側の目線になれるかもしれない）。

　仮にスイッチが入ったとしても，このように「スイッチが入っていない時」を思い
出すことができると，冷静になれたり，全体像をみようと思えたりすることもあるの
ではないだろうか（加えて，「割り込みをされた際に，その映像を思い出して，自分
を客観視し落ち着く様子」も映像にできるとなおいいだろう）。さらには「今，目の
前に割り込んできた車に，自分自身の感情を映し出しているかもしれない」と思える
こともあるだろう（これは，内省のきっかけにもなる）。

　ドライブレコーダーのように，身を守るためのものを普及させることも大切であろ
う。また罰則を強化することも，あおり運転を抑制する方策の一つになるといえる。
これらに加えて，そもそもあおり運転をしてしまう際の人の心理を理解し，その上で，
それらを抑制するために「予防的に」働きかけていくことも重要ではないだろうか。

さて，このように考えると，被害感に着目した「予防」の取り組みの重要性がわかるであろう。すなわち，我々は「スイッチ」が入る（妄想分裂ポジションの心的態勢になる）と，物事の一部分（部分対象）しか見えなくなるのである。地域福祉学習会やサロンなどでこのような被害感をテーマにした内容を周知・啓発し，地域住民が幅広く知ることで「ひょっとして，自分は今"スイッチ"が入っているかもしれない」と気付くことができるようになるのではないだろうか。

　本書で示したクライン派対象関係論の諸概念は，地域住民にとって，そして読者の皆様をはじめとする福祉専門職や行政職員にもまだ馴染みが深いものではないだろう。しかしこのような考え方を知ることで，「変わる」ことがあるのではないだろうか。地域福祉の推進において，これらの考え方が少しでも参考になれば幸いである。

注

(1)　岩間・原田（2012）は，「地域福祉の基盤づくり(C)」の側から「個を支える地域をつくる援助(B)」を活性化するアプローチも重要であることを強調している。

(2)　ストレングス視点の①焦点，②支援内容，③支援者について，川村（2011）は以下のように整理している。①焦点：人々の持つ豊かな能力，活力，知恵，信念，確信，望み，成長，可能性，自然治癒力などの強さに焦点を当てる。②支援内容：利用者を自分の問題から学んでいるエキスパートであると捉え，彼らの強さを引き出すために，彼らの説明，経験の解釈に関心をもって関わる。彼らの話す物語を修正せず，そこに強さを発見しながら，新たな物語を一緒につくり上げる。③支援者：利用者と支援者の対等な関係，協働を重視し，利用者の希望や価値を引き出せるような姿勢によって信頼関係を築く。

(3)　例えば，「（特定の）誰かから攻撃されている」と本人が感じている場合，問題（あるいは問題の所在）はその「誰か」にあり，その本人の中には「ない」のである。

(4)　クライエントが臨床場面に持ち込んでくる内的対象のストーリーを「臨床ケア場面で再現し，治療的に扱う」（精神分析）場合，セラピストが早々に味方のポジションを取るのは禁忌ですらあるとされる（若佐 2020）。

(5)　投影同一視とは，「自分の一部を対象に投影した結果，生まれる感覚」である。自分が怒っているのに，相手が怒っているように感じるなど，対象が自己から投影された部分の持つ様々な特徴を獲得したと知覚される（斎藤 2007）。

(6)　自己の良い部分から破壊衝動を伴う悪い部分を分けて切り離し（分裂），悪い自

第5章　対象者の「内的世界」をつかむ

己を母の乳房の中に投影する（松木 1996）。すなわち破滅 - 解体不安を引き起こす破壊衝動の一部は投影され，最初の外的対象である母の乳房に帰せられる（Klein 1946＝1985）。この結果，投影同一視が生じ，乳児は母親（乳房）を迫害者として感じてしまうのである。

(7)　妄想分裂ポジションと抑うつポジションという2つの心的態勢について，松木（1996）は「被害的 - 他罰的心性」に対して「現実受容的 - 他者肯定的心性」，北山（2001）は「晴れと雨の日だけ」に対して「曇りの日が体験され，現実的になっていく」とそれぞれ表現している。

(8)　コンテイニングとは，これから説明するように「クライエントが自分で抱えられずに排除してセラピストに投げ込んだ中身（感情に留まらず，機能や認知なども含む）を，セラピストが引き受け，クライエントが受け取れる形に解毒して返す，という一連の重要な機能である。乳児と母親との関係がモデルとなっており，現代の精神分析的心理療法プロセスでは基本とされている考えである（若佐 2020）。

(9)　換言すれば，自身の「こころ」をコンテイナーとして，不安をコンテイニングできるようになるということである。裏を返せば妄想分裂ポジションでは，こころの無意識部分は外界に散りばめられており，「こころというコンテイナー」に収められない体験様式とされる（松木 2009）。

(10)　このような個別支援における"本人の不安を受け取り，解釈し，持ちこたえられるものとして返していく"プロセスを象徴し，筆者は自身（CSW）を「こころの洗濯機」と称し，周知を図っていた。

(11)　クラインは，乳児の「内的世界における関係」から妄想分裂ポジションを描いた。また本事例でも「内的世界における母子関係」を取り上げた。しかし，これらは現実の母親，あるいは実態としての母子関係に原因，責任を求めるものではないことに注意したい。

終　章	コミュニティソーシャルワーク実践の さらなる深化のための理論素描

　地域共生社会の実現に向けて CSW の役割が重要とされる中，本書では，CSW による社会的孤立事例への対応について，その支援展開を可能とするコミュニティソーシャルワーク方法論，実践理論，および体制整備のあり方について検討してきた。ここで，本書で扱った内容を改めてソーシャルワーク理論モデル・アプローチとしてさらに精緻化し，新たなコミュニティソーシャルワーク実践理論を提唱したい。具体的には，社会的孤立・排除を捉えるモデル理論としての**スプリッティング・モデル**，および社会的孤立・排除へのアプローチ理論としての**コンテイニング・アプローチ**を提起し，その概念的規定を明確化したい。

第1節　スプリッティング・モデルとコンテイニング・アプローチ

　まずは，社会的孤立・排除を捉えるモデル理論について考えていきたい。二次障害など「関係性の中で生じる問題」による社会的孤立・排除を取り巻く状況について，クライン派対象関係論の概念，およびジェネラリスト・ソーシャルワークの基盤理論とされるエコロジカル・パースペクティブ（岩間 2005）における生態学的視座を援用して解釈すると，以下のように相似構造を持つ2つのスプリッティング（splitting：分裂）を見出すことができるのではないだろうか（図終-1）。すなわち，①【対象者の内的世界におけるスプリッティング】と②【地域におけるスプリッティング】である。順にみていこう。

　①【対象者の内的世界におけるスプリッティング】は，ミクロレベルにおける分裂である（図終-1上部）。すなわち，他者との交互作用の結果，二次障害など「関係性の中で生じる問題」によって妄想分裂ポジション状態となり，破

151

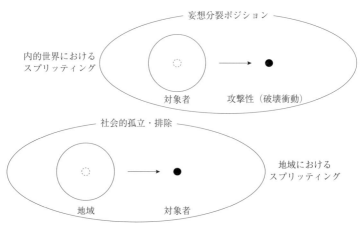

図終 - 1　相似構造を持つスプリッティング状況（筆者作成）

滅 - 解体不安に対する原初的防衛機制として，自身の攻撃性（破壊衝動）は分裂（排除）されていた。そして，母親や近隣住民など他者や地域に投影され，被害感に代表される迫害不安として表出し，それらからの迫害に対する「問題行動」として現象化していた。そのため，他者や社会とつながれなかったり，支援につながらなかったりしていた。

　②【地域におけるスプリッティング】は，メゾレベルにおける分裂である（図終 - 1 下部）。すなわち，対象者を取り巻くコミュニティを一つの生態としてみると，対象者の言動が「理解できない」がゆえに，「異物」としてコミュニティから分裂（排除）されていた。すなわち，「地域社会からの排除」による社会的孤立状態であった。そして，対象者の「問題行動」として現象化していた。

　この社会的排除概念について岩田（2008）は，貧困概念と対比して次のように述べる。社会的排除は，常に社会との関係で用いられ，「社会の中の個人を問う」と同時に，その「社会そのものを問う」概念である。貧困がその社会関係の側面を包含したとしても，その焦点は個人の状態に置かれる。これに対して，社会的排除は，常に「社会と個人との双方の関係に焦点づけられる」ので

終　章　コミュニティソーシャルワーク実践のさらなる深化のための理論素描

あって，「排除の主体を織り込んだ排除のプロセスを問題にできる」[1]。そして，地域にそぐわない者は追いやられるという空間的排除，および制度からの排除という福祉国家の制度との関係の2つに焦点を当て，この2つが社会的排除論の主要な側面であるとしている。

このように社会的孤立・排除を捉えると，本書が対象としてきた「関係性の中で生じる問題」によって社会的孤立状態となっている人々においても――あるいは「空間，家族・地域・職場等のさまざまな『つながり』から排除された」（熊田 2015）「関係性の課題」である制度の狭間の課題を抱えた人々にも同様に――このような社会的・物理的・心理的な【地域におけるスプリッティング】を見出すことができるのではないだろうか。

本章ではこれらの概念的枠組みを，ストレングス・モデルと相互補完的な支援を展開するためのソーシャルワーク理論モデルとして，以下**スプリッティング・モデル**とする。このスプリッティング・モデルにおける対象を捉える視座は，次のとおりである（表終‐1）。

①ミクロレベルにおける対象（対象者）を捉える視座として，「内的世界における生育歴上の二次障害」および「外的世界における現在の二次障害」の2つを，支援における重要な焦点の一つであるとみる。すなわち対象者を，「本人の生活史の中で，（「支援者」を含む）[2] 他者との交互作用の結果，二次障害等の問題を抱え（させられ）た人」と捉える。

また②メゾレベルにおける対象（コミュニティ）を捉える視座として，その背景に「無自覚的な差別・抑圧等の社会意識」を確認する。すなわち無自覚，かつ強弱関係を伴う相互作用によって，コミュニティという一つの生態から，理解できないがゆえに「異物」として排除されるというプロセス（社会的排除）が生じていると捉え，個別支援と地域支援を一体的に展開していく。これらの視座は，上記ミクロレベルにおける対象を捉える見方と同様であり，クライン派対象関係論を援用して個人の内的世界への理解をつきつめると，同時に，新たな地域（コミュニティ）理解が可能となったといえる。

そして，これら2つの次元におけるスプリッティング状況の相互作用により，

153

表終 - 1　スプリッティング・モデルにおける対象を捉える 2 つの視座（筆者作成）

① ミクロレベル（対象者）	対象者は、「生活史の中で、（専門職を含む）他者との交互作用の結果、二次障害等の問題を抱え（させられ）た人」である。 「内的世界における生育歴上の二次障害」および「外的世界における現在の二次障害」の 2 つが、支援における重要な焦点の一つである。
② メゾレベル（コミュニティ）	無自覚、かつ強弱関係を伴う相互作用によって、コミュニティという一つの生態から、理解できないがゆえに「異物」として排除されるというプロセス（社会的排除）が生じている。 支援においては、個別支援と地域支援を一体的に展開していく。

対象者の置かれている状況はさらに悪化（悪循環）していると考えられる。図終 - 1 内②【地域におけるスプリッティング】により、孤独・孤立状態は維持され、（主に言語による・かつポジティブな意味を含む）コミュニケーションもなく、対象者の心的態勢は妄想分裂ポジション、すなわち①【対象者の内的世界におけるスプリッティング】となっている。そしてそれによりひきこもり、近隣トラブルなど被害感による「問題行動」（とみなされる）言動につながり、結果として社会的孤立・排除はさらに深まるのである（②→①→②……）。

　このように二次障害概念、および社会モデル概念を基盤として、またクライン派対象関係論、生態学的視座を援用してミクロレベル・メゾレベルの 2 つのスプリッティング状況を捉え、支援（介入）対象とするわけであるが、このような視座で対象者およびコミュニティを捉えることの有効性として、対象を限定せずに支援を検討できること、またミクロレベル・メゾレベル双方へ一体的に支援を展開できることが挙げられるだろう。これらは、「既存のサービスや制度に本人が合わせるのではなく、本人にサービスや制度が合わせ」（岩間 2019）、「排他的なコミュニティの現状を改善し、生活の基盤を創出する」（黒澤 2013）というコミュニティソーシャルワークの理念・考え方に通底するといえる。

　以上、スプリッティング・モデルにおける概念的枠組みとして、対象者、コミュニティを捉える視座を確認した。次に、社会的孤立・排除へのアプローチ理論についても考えていきたい。スプリッティング・モデルにおける 2 つのス

終　章　コミュニティソーシャルワーク実践のさらなる深化のための理論素描

表終 - 2　スプリッティング・モデルを基盤とした支援の意義（筆者作成）

アプローチ	支援内容	意　義
①　個人の内的世界からみた他者との関係性への支援	面接によって本人の不安を解釈・意味付けし，本人にとって理解可能で持ちこたえられるものとして返していくプロセスを繰り返す（CSW／対象者）	・被害感が軽減される・本人主体の支援が可能となる
②　内的世界への理解の促しを通した関係性への支援	家族や地域住民が妄想分裂ポジション概念を通じて被害感が生じるメカニズムを知り，対象者の心的理解に努める（CSW／地域住民→地域住民／対象者）	・内的世界を捉えた上での共感に基づく支え合いが可能となる

プリッティング状況に対して，クライン派対象関係論を援用して支援を展開する意義を改めて確認すると，次のとおりといえる（表終 - 2）。

①「個人の内的世界からみた他者との関係性への支援」により，"面接によって本人の不安を解釈・意味付けし，本人にとって理解可能で持ちこたえられるものとして返していくプロセスを繰り返す"ことで（CSW／対象者），対象者の被害感の軽減を図ることができ，本人主体の支援が可能となる。

また②「内的世界への理解の促しを通した関係性への支援」により，"家族や地域住民が妄想分裂ポジション概念を通じて被害感が生じるメカニズムを知り，対象者の心的理解に努める"ことで，本人の視点，つまり内的世界を捉えた上での共感に基づく支え合いが可能となる。換言すれば，CSW がコミュニティをコンテイニングすることで（CSW／地域住民），地域住民がコンテイナーとなり，対象者をコンテイニングできるようになる（地域住民／対象者）。

このように，スプリッティング・モデルを基盤として対象（対象者およびコミュニティ）を捉え，①個人の内的世界からみた他者との関係性への支援，②内的世界への理解の促しを通した関係性への支援を展開することによって，ストレングス・モデルとの相互補完的な社会的孤立支援として個別支援が深化する可能性が見出された。加えて，クライン派対象関係論を援用した CSW の個別支援と地域支援の統合により，対象者や地域住民などが支援の受け手から支え手（コンテイナー）へと変化することを促すことができるなど，地域福祉のさらなる推進にもつながることを確認した。

155

これらのことに加えて，相似構造を持つ2つのスプリッティング状況に対して，コンテイナーとしての対象者・地域住民と「ともに」（グローバル定義）支援を展開することで，また別の社会的孤立状態にある人々をコンテイニングできるようになるのではないだろうか（CSW・対象者・地域住民／社会的孤立状態にある人々）。すなわち，コンテイナー／コンテインドの関係性が【相乗的に】広がりをみせる可能性を内包しているといえる。

　具体的には，CSW が，対象者とともに支援を行う（例えば当事者サロンの立ち上げやピアサポート），地域住民とともに支援を行う（例えば住民運営型相談窓口の開設），対象者・地域住民とともに支援を行う（例えば地域を基盤とした共生型サロンの立ち上げ）など，統合による支援はさらに推進されるだろう。すなわち"コンテイナーとともに"個別支援と地域支援を一体的に展開していくことが可能になると考えられる。

　このように，コンテイナーとともに個人の内的世界からみた他者との関係性への支援，および内的世界への理解の促しを通した関係性への支援を展開することで，ミクロレベル・メゾレベル双方において"同時一体的に"社会的孤立支援が可能となり，相乗的にコンテイナーを増やしていくことが可能になると考えられる。これらの実践を CSW が対象圏域ごとに展開し，また積み重ねていくことで，地域共生社会の実現へと向かうのではないだろうか。

　以上，課題認識の範型（中村 2020）としてのスプリッティング・モデルを基盤として社会的孤立を捉え，また実践理論としてクライン派対象関係論を援用しながら個別支援と地域支援を統合しコンテイナーとともに支援を展開するというアプローチ理論を，ここでは**コンテイニング・アプローチ**と呼びたい。コンテイニング・アプローチにおける個人の内的世界からみた他者との関係性への支援，および内的世界への理解の促しを通した関係性への支援のそれぞれの有効性は次のとおりである。

　①個人の内的世界からみた他者との関係性への支援について，CSW の対象となる制度の狭間にある人々においては，問題の外在化によって本人主体の支援が難しいこともあるだろう。しかしこの支援では，対象者がこれまで原初的

終　章　コミュニティソーシャルワーク実践のさらなる深化のための理論素描

防衛機制でしか，あるいは（迫害者から）逃げる（例えば，ひきこもる等）ことで
しか対応できなかった問題（迫害不安）に対して，CSW の面接による介入によ
って，クライエント自身で解釈や分析ができるようになる可能性が見出された。
換言すれば，対症療法的な介入ではなく，時間はかかるかもしれないが，自身
での対応を可能とする（コンテイニング機能を高めていく）という意味において，
クライエントの「自立支援」を原則とするソーシャルワークの価値と通底する
支援理論として一定の有効性が示されたといえる。

　②内的世界への理解の促しを通した関係性への支援については，被害感への
着目により，「地域支援を通した個別支援」として「他者との関係性における
支援」が展開可能となった。これは，本人に接触できない，あるいは本人が支
援を望んでいない（例えば，セルフネグレクト）事例においても，地域住民との
協働による支援を展開できるようになるといえる。加えて，地域住民との交互
作用の結果としての被害感を扱うため，上記のような無自覚的な社会意識への
気付きをも促し得るのである。

　以上，コンテイニング・アプローチにおける2つの支援展開の有効性につい
てみてきた。制度の狭間の課題を抱える対象者には，たしかに紹介可能なサー
ビスがないこともあるだろう。またセルフネグレクトなど，「本人が支援を望
まない」（と見受けられる）事例もあるだろう。しかし，このようなコンテイニ
ング・アプローチによって，面接による介入，および地域住民との協働による
支援を展開できるようになるのである。そしてこのような個別支援の深化に加
え，対象者，コミュニティの双方がコンテイナーとなり，CSW はコンテイナ
ーとともにまた支援を展開できるのである。このようにミクロレベル・メゾレ
ベルの双方において同時一体的に社会的孤立支援を展開することで，相乗的に
コンテイナーを増やしていくことが可能となり，地域共生社会の実現へと向か
う一助となると考えられる（表終-3）。筆者が CSW として関わってきた地区
社協や西小校区共生ステーション[3]においても，民生委員や共生ステーションの
スタッフが地域住民からの相談に対応し，必要に応じて CSW へつなぐという
形ができていた[4]。また，CSW の支援対象者がコンテイナーとなる事例も多々

157

表終 - 3　コンテイニング・アプローチの有効性（筆者作成）

①　個人の内的世界からみた他者との関係性への支援	・面接による介入によって，原初的防衛機制でしか対応できなかった問題（迫害不安）をクライエント自身で解釈や分析ができるようになる
②　内的世界への理解の促しを通した関係性への支援	・本人に接触できない事例においても，地域住民との協働による支援が展開可能になる ・「無自覚的な社会意識」への気付きを促すことができる
⇒コンテイナーとともに①，②を展開することによって， ミクロレベル・メゾレベル双方において同時一体的に社会的孤立支援が展開でき， 相乗的にコンテイナーを増やしていくことが可能となる （CSW・対象者・地域住民／社会的孤立状態にある人々）	

見受けられた。[5]

　もちろん，相乗的にコンテイナーを増やしていくためには，これまでの議論でみてきたように地域でニーズを早期に発見し，つながる必要があるだろう。すなわち社会的孤立状態にある人々との接点を持つ必要がある。様々な地域福祉実践を有機的に連動させることで——例えばアウトリーチ「体制」の整備を図る（コラム①），中学校との協働体制を構築する（第2章），参加支援"機能"を後方支援として体現し窓口職員の対応を変える（第4章）など——これまでつながっていなかったニーズや人々と早期につながれる可能性があるのである。重層的支援体制整備事業も活用しながら，市町村全体でこれらに取り組む必要があるといえるだろう。

　これまで本書では，個別支援と地域支援の一体的展開による重複領域の意義を見出し，また意味付けすることにより，地域共生社会の実現に向けたコミュニティソーシャルワーク実践特有の役割，機能が浮かび上がり，コミュニティソーシャルワーク方法論・実践理論の確立につながると仮定し，検討を進めてきた。この重複領域について，コンテイニング・アプローチが展開可能となり，地域共生社会の実現に向けたミクロレベル・メゾレベル双方への相乗的効果が期待されることにその意義があると考える。

終　章　コミュニティソーシャルワーク実践のさらなる深化のための理論素描

第2節　ジェネラリスト・ソーシャルワーク概念の深化と拡大

　本書で提起したスプリッティング・モデルおよびコンテイニング・アプローチについて，その概念的規定をより明確にするため，ここで，地域を基盤としたソーシャルワークの基礎理論とされるジェネラリスト・ソーシャルワーク概念との比較を試みたい。地域を基盤としたソーシャルワークを提唱する岩間（2008）は，ジェネラリスト・ソーシャルワークの特質として次の5つを挙げている。すなわち①点と面の融合，②システム思考とエコシステム，③本人主体，④ストレングス・パースペクティブ，⑤マルチシステム，の5つである[6]。またこれらに関連して中村（2017）は，ジェネラリスト・ソーシャルワークと実践モデルについて次のように述べている。ジェネラリスト・ソーシャルワークでは，生活モデルを中核的実践モデルとして，治療モデルとストレングス・モデルそれぞれの強みを摂取し，「人と環境の交互作用」という一大焦点から個々別々，複雑多様な動態としての生活を捉える。すなわち既存3実践モデルを一つの「連続体」として捉え，それぞれのモデルによる焦点のあて方を理解し，その時々の実践状況に応じ縦横無尽に「混成活用」することが重要である。

　このようにみていくと，本書はジェネラリスト・ソーシャルワークの枠組みに準拠しつつ，次の3点において社会的孤立支援における具体的な実践理論・方法論としてジェネラリスト・ソーシャルワークを深化・拡大させたことが考えられる。

　第一に，本書の序章にて，社会モデルを理論的視座として地域共生社会について考察した。そして第3章では次のことを確認した。社会的孤立や社会的排除に陥れられている人々は，大多数の人々（地域社会）から無自覚的に，そもそも考慮もされず困難を生じさせられており，これら差別や抑圧は潜在化している。この無自覚な（社会）意識に個々人が気付くことが「我が事」となるための第一歩であり，このプロセスを経ることで地域共生社会の実現に近づく。そしてそれを可能とするのがCSWの実践であり，個別支援と地域支援の統合

159

によりその気付きの促しが可能となる。

　このような社会的孤立を捉える視座は，エコシステムとしての課題，障害などが，その上位システムとしての地域等との「交互作用関係の中で発生している」（岩間 2019）という見方と同様であると考えられる。加えてこのような考え方は，スプリッティング・モデルにおける対象を捉える視座として，CSWの支援における焦点の基盤をなす考え方であるといえよう。

　そして本書では，二次障害など「関係性の中で生じる問題」をCSWの支援における重要な焦点の一つとして同定した。その上でこれらに対して個別支援・地域支援を統合することで，とりわけ外的世界における現在の二次障害への有効なアプローチにつながるなど個別支援は深化し，また無自覚的な社会意識への気付きの促しが可能となるなど地域支援の推進にもつながり，地域共生社会の実現に向かうことが見出された。このように個と地域を一体的に捉えて働きかける「点と面の融合」（岩間 2019）という実践的視座を基盤とし，その統合の意義を明確化した。これらの考え方は，コンテイニング・アプローチにおける支援枠組みの基盤をなす考え方であるといえる。

　第二に，第5章にて，クライン派対象関係論を援用して，とりわけ「関係性の中で生じる問題」の一つとして被害感に着目し，その支援の展開可能性を探った。関連してジェネラリスト・ソーシャルワークの援助過程においては，本人が「参画する過程」の意味合いがきわめて濃くなるとされる（岩間 2019）。第4章では，参加支援推進の方法論を探り，第5章および終章では，参画する過程を阻む要因として被害感による問題の外在化，および「理解できない」がゆえのコミュニティからの外在化を指摘した。

　そして次のことを確認した。コミュニティソーシャルワーク理論にクライン派対象関係論を援用することで，社会的孤立状態にある対象者の心的理解の一助となり，被害感の軽減を図ることができるなど個別支援は深化する。具体的には，個人の内的世界からみた他者との関係性への支援により，本人主体の支援が展開可能となる。また内的世界への理解の促しを通した関係性への支援により，地域住民との協働による共感に基づく支え合いを可能とする。すなわち

被害感へ着目することにより，ストレングス・モデルと相互補完的な本人主体の社会的孤立支援が可能となる。加えて，これらクライン派対象関係論を援用したCSWの個別支援と地域支援の一体的展開によって，本人（対象者）や地域住民が支援の受け手から支え手へと変化することを促すことができるなど，地域福祉のさらなる推進にもつながる。

　これらは，生活モデルを中核的実践モデルとして混成活用（中村 2017）するジェネラリスト・ソーシャルワークの枠組みに準拠しつつ，クライン派対象関係論を援用することによって，内的対象関係，すなわち「個人の内的世界からみた環境との関係性」に着目し支援を可能にするという点で，生活モデルの視座を深化させ，またジェネラリスト・ソーシャルワークにおける支援展開可能性を拡大させるといえる。このような考え方は，スプリッティング・モデルおよびコンテイニング・アプローチの基盤をなす実践理論であるといえよう（コラム⑩「内的世界と地域福祉の推進」）。

　第三に，終章において，二次障害など「関係性の中で生じる問題」による社会的孤立・排除を取り巻く状況について，改めてクライン派対象関係論の概念および生態学的視座を援用して解釈した。これにより，【対象者の内的世界におけるスプリッティング】と【地域におけるスプリッティング】という2つのスプリッティング状況を見出すことができた（以上，スプリッティング・モデル）。

　これらは，次元は異なるが相似構造を持つと考えられる。このような2つの次元におけるスプリッティング状況に対して，クライン派対象関係論を援用し，CSWが「個人の内的世界からみた他者との関係性への支援」および「内的世界への理解の促しを通した関係性への支援」を一体的に展開することで，社会的孤立支援が深化する可能性が見出された。加えて，CSWとともに当事者（対象者や地域住民など）が別の社会的孤立状態にある人々をコンテイニングできるようになる（当事者／社会的孤立状態にある人）など，コンテイナー／コンテインドの関係性が相乗的に広がりをみせる可能性も示唆された。このようにミクロレベル・メゾレベルの双方において同時一体的に社会的孤立支援が可能

となり，コンテイナーを増やしていくことが可能となる（以上，コンテイニング・アプローチ）。CSW がこれらスプリッティング・モデルを基盤とするコンテイニング・アプローチ実践を展開し，また積み重ねていくことで，地域共生社会の実現へと向かう一助となることが示唆された。

　これらをジェネラリスト・ソーシャルワークの特質と関連して述べると，次のようにいえる。対象を「マルチパーソンクライエントシステム」として捉え，本人とその環境との不調和から生じるニーズ（課題）に対して，その不調和から不全関係にある 2 つのシステムの間に介入し，両者間の相互作用を促進する。すなわち 2 つのスプリッティング状況に対してコンテイニング・アプローチによる支援を行うわけであるが，これによって促進された相互作用は，二者間に留まらず，「影響作用」としてエコシステム内に波及的に広がる可能性を内包する。これらの支援展開によって相乗的にコンテイナーが増え，地域共生社会の実現へと向かうと考えられるのである。

コラム⑩　内的世界と地域福祉の推進

　筆者はある CSW 実践者から，次のような事例について聞いたことがある（これまでの記述と同様，個人情報保護のため事例の本質を損なわない範囲で若干の加工をしている）。

　　子ども同士の間で「ある出来事」が起こった。その影響で，一方の子どもが，過去の関連するトラウマもあり学校に来ることができなくなってしまった。その中で，「学校に来られない」要因の大きな一つとして，「ある出来事」に起因するインターネット内での一部の関係者による誹謗中傷が見受けられた。その誹謗中傷をみてから，本人は不安となり，恐怖し，学校に来ることが難しくなってしまったという。

　　このような事態の中で CSW は，「学校の都合やルールを，当事者の立場になって変える（譲歩する）よう交渉していく」こと，すなわち仮想世界では成し得ないソーシャルワーク実践（アドボカシー）と並行して，地域における関係機関と協働し「現実世界には，自分のことを心配し，応援してくれる仲間がたくさんいること」を伝え続けている。そしてこれは，ある意味「仮想現実 vs 地域福祉の戦い」でもあるという。

終　章　コミュニティソーシャルワーク実践のさらなる深化のための理論素描

　さて，このようなインターネット上など仮想世界における問題をはらむ事例は，今後ますます増えていくだろう。ここで，クライン派対象関係論の概念を思い出してほしい。本理論では「内的対象」との関係，すなわち「イメージ化された人や物」との関係を重視している（第5章第5節）。本事例においても確認できるように，仮想現実の誹謗中傷が本人の現実の世界にも強く持ち込まれており，「一部の誹謗中傷」が本人の生活「全般」に影響を及ぼし，非常に強い不安となっているのである。換言すれば，松木（1996）のいうように，内的世界での体験や感覚がそのまま現実の外界に持ち込まれ，あたかもそれが現実の知覚や認識であるかのように混同され，歪んだ認知（しかしそれが今の本人の心的現実である）や病的な判断，ふるまいを引き起こすことにつながっているともいえる。

　仮想世界というコミュニティへの対応や支援を見据えた「地域福祉」や「コミュニティ」ソーシャルワークの考え方は，今後ますます必要になると考えられる。このような中で，クライン派対象関係論は一定の示唆を我々に与えてくれるように感じている。そしてだからこそ，現実世界での関わりが重要であり，地域福祉の推進やソーシャルワーク実践における「関係性」への支援が，本人の「内的世界」をも変え得るのだと筆者は信じている。

第3節　「のりしろ」で包みこむ地域社会を目指して

　本書では，岩間（2011）の課題提起[7]への応答として，コミュニティソーシャルワーク実践理論としてスプリッティング・モデル，およびコンテイニング・アプローチを提唱し，ジェネラリスト・ソーシャルワークとの比較からその概念的規定を明確化した。本書の到達点について，ここまでの含意は以下の3点に集約できる。

　第一に，社会モデルを理論的視座として地域共生社会について考察し，二次障害など「関係性の中で生じる問題」を，CSWの支援における重要な焦点の一つとして同定した。そして，「関係性の中で生じる問題」に対する支援枠組みとして，個別支援と地域支援の統合の意義を明確化した。

　第二に，「関係性の中で生じる問題」の一つとして被害感に着目し，クライン派対象関係論を援用したコミュニティソーシャルワーク理論モデル・アプロ

ーチについて考察した。これにより，社会的孤立支援におけるストレングス・モデルと相互補完的な実践理論として，個人の内的世界からみた他者との関係性への支援，および内的世界への理解の促しを通した関係性への支援という2つのアプローチの展開可能性を示した。これらは，生活モデルの視座を深化させ，ジェネラリスト・ソーシャルワークにおける支援展開可能性を拡大させた。

　第三に，二次障害など「関係性の中で生じる問題」による社会的孤立・排除を取り巻く状況について，相似構造を持つ2つのスプリッティングを見出すことができた（スプリッティング・モデル）。これら2つのスプリッティング状況に対して，クライン派対象関係論を援用し，個人の内的世界からみた他者との関係性への支援，および内的世界への理解の促しを通した関係性への支援をコンテイナーとともに一体的に展開することで，ミクロレベル・メゾレベル双方において同時一体的に社会的孤立支援が可能となり，相乗的にコンテイナーを増やしていくことが可能となる（コンテイニング・アプローチ）。これらの実践を積み重ねていくことで，地域共生社会の実現へと向かうことが示唆された。

　さて，ここで，改めて「のりしろ」概念や，個別支援と地域支援の「統合」について取り上げたい。これまでみてきたように，本書では「のりしろ」概念や統合実践を大切に論じてきた。両者の概念を整理すると，「統合」は，（個別支援と地域支援など）2つあるいはそれ以上のものを組み合わせて一体的に展開するという「動き」を伴う動的な概念であるといえる。そして「のりしろ」は，そのような「統合」により新たな「結びつき合い」につながり「重なり合ったもの」である。本書では，何度か「まだまだやれることがある」という点を強調し論述してきた。これは，様々な支援機関やサービスなどを「どんどん新たに作る」――現代の大量生産・大量消費社会のように――のではなく，また個人に過度な努力を無理強いすることでもなく（限界を超えた，精神的にも過度な負担を要する努力は長くは続かない），既存の事業や支援機関，また「想いのある人」が有機的につながっていないのは「もったいない」と考え，そのあり方について検討を深めてきたものである。

　このような考えのもと，第2章では，CSW，あるいは重層的支援体制整備

164

終　章　コミュニティソーシャルワーク実践のさらなる深化のための理論素描

表終 - 4　コンテイニング・アプローチにおける"「のりしろ」機能"

1．個別支援と地域支援の統合により，個別支援の深化，および地域支援の推進という相乗効果を生み出すことができる機能
2．縦・横双方の支援の「狭間」事例（ニーズ）を受け止め，課題の分析，解きほぐしを行い，伴走しながら情緒的共感を基盤とした協働体制をつくる機能
3．コンテイナーを相乗的に増やすことができる機能

事業を活用したコミュニティソーシャルワーク実践によって，本来は重ねられるのに，重なっていなかった支援の「狭間」を埋める体制を構築していくための機能として，情緒的共感を基盤とした協働体制をつくる機能を"「のりしろ」機能"として提起した。この"「のりしろ」機能"について，改めてこれまでの議論をまとめ，発展的に定義の見直しを試みたい。

　第3章では，個別支援と地域支援の統合の可能性について検討し，第4章では，統合実践の体制としての展開可能性を探った。これらについて改めて考えてみると，個別支援と地域支援の「統合」により，個別支援の深化および地域支援の推進という新たな「のりしろ」を生み出すことができるといえる。加えて第5章では，被害感に着目したコミュニティソーシャルワーク実践理論について検討し，終章では，コンテイニング・アプローチとして提起した。コンテイニング・アプローチによって，コンテイナーとして，また新たな相談者とつながり得る「のりしろ」を相乗的に増やすことができるといえる（コラム⑤でみたように，「同じ悩みを抱えている（いた）」からこそわかること，つながれることもあるだろう）。すなわち，これまで論じてきた"「のりしろ」機能"——縦・横双方の支援の「狭間」事例（ニーズ）を受け止め，課題の分析，解きほぐしを行い，伴走しながら情緒的共感を基盤とした協働体制をつくる機能——を基盤とした実践によって多職種連携・多機関協働が推進され，シームレスで切れ目のない支援が展開可能となる。この上で，統合実践を基盤とするコンテイニング・アプローチによって，個別支援の深化，および地域福祉の推進を図り，当事者を含む地域住民——コンテイナー——という地域の「のりしろ」をも増やしていくことができ，制度や支援の狭間にいる人も含め「誰一人取り残さない」地域社会に近づくのではないだろうか（表終 - 4）。これは支え手，受け手

165

という関係を超えるという点で地域共生社会の理念に通底した実践理論であり，包括的支援体制の構築に向けた基礎理論ともなり得る発想であると考えている。

以上，コンテイニング・アプローチにおける "「のりしろ」機能" を基盤とした実践を積み重ねていくことによって，専門職，地域住民（もちろん，コンテイナーとしての当事者を含む）による協働体制，すなわち包括的支援体制が構築され，網目の細かいネットワークが幾重にもわたって形成され，容器のような「器」となり，「のりしろ」で包みこむ地域社会──コンテイナー社会──として，地域社会が一人ひとりの人をコンテイニングできるようになるのではないだろうか。

第4節　本書に残された課題

今後の課題として，①コミュニティソーシャルワーク実践理論の確立に向けたさらなる検討の必要性，②コミュニティソーシャルワーク機能を拡大させる具体的な方法論の検討の必要性，の2点を挙げる。

①について，本書では，コミュニティソーシャルワーク方法論・実践理論について考察した。そしてスプリッティング・モデル，およびコンテイニング・アプローチの概念を提起した。今後の課題として，様々な自治体においてこれらの概念的枠組みで実践を積み重ね，また検証し，コミュニティソーシャルワーク実践理論の確立に向けさらなる研究を続けていくことが求められるだろう。加えて，どのような体制であればこれらの概念的枠組みで支援を展開できるかという CSW の配置基準，資格要件，計画における位置付けなどの基盤整備における条件の検討も必要であると考えられる。

これまで述べたコミュニティソーシャルワーク実践理論は，筆者自身の幾ばくもない実践・研究を基盤に構築したものである。ある意味「仮説」であり，未完の実践理論である。しかしこれらの仮説のうちのいくらかは，地域福祉実践における現場感覚と一致している部分もあるのではないかと思われる。これらの論点を実証するためには，本実践理論に基づいた実践や，その記録の積み

重ねが必要である。今後，読者の皆様とともに，このギャップを埋めていきたいと思っている。

②について，本書では，二次障害により制度の狭間の課題を抱え，社会的孤立となる蓋然性が高いと考え，「二次障害による社会的孤立」事例に対するCSW の支援の展開可能性に焦点化し論考してきた。このことは，CSW の役割や機能，および対象者を矮小化するものではない。すなわち，本書では，クライン派対象関係論を用いたアプローチによる支援の展開可能性を導き出すために，あえて支援の対象を限定したという背景がある。しかし，例えば本書で着目した被害感は，制度の狭間や社会的孤立状態にある人々だけに限定して生じるものではないだろう。地域共生社会の実現に向けて多様な分野，年代の対象者・世帯への支援が求められる中，「制度の狭間」（公的な既存の福祉サービスでは対応できていない課題）という用語によって支援対象を狭く限定してしまうのではなく，地域社会の中にどのような福祉ニーズがあるか，CSW が対象とすべき生活課題は何かを広く認識することで，より積極的な理論展開がしやすくなると考える[8]。

以上のように本書の論考は，CSW の支援対象者を矮小化するものではなく，むしろこれまで既存の理論・方法論では支援の手が届かなかった人々に対してソーシャルワーカーの支援の展開可能性を拓こうとするものであり，支援（介入）可能な対象者・世帯が拡大し，また重層的支援体制整備事業を通した体制整備にもつながると考える。換言すれば，専門職としてのCSW 実践を基盤としつつ，コミュニティソーシャルワーク機能をシステムとして拡張させていくことが，日本における包括的な支援体制構築には必要であると考えている。とりわけ第2章，第4章で検討した包括的支援体制の構築に向けた手法が，コミュニティソーシャルワーク機能拡張に向けた方法論として他の市町村でどのように援用可能かについては，さらなる検討が必要であろう。

「地域福祉の基盤をつくるためにこそ，個別支援を丁寧に積み上げていくこと」が重要であり，「私の問題」を「私たちの問題」にしていくことが地域福祉の基盤をつくる中核である（原田 2014）とされるように，筆者は，包括的な

支援体制構築を図る起点は個別支援だと考える。専門職としての CSW 実践を基盤としつつ，包括的支援体制の構築に向けた具体的な方法論の検討を重要な課題として受け止め，引き続き検討していきたい。

　今後，CSW をはじめとする地域福祉実践者に求められるソーシャルワーク機能への期待や重要性はさらに高まるだろう。このような中，スプリッティング・モデル，コンテイニング・アプローチの概念をさらに精緻化・体系化し，ソーシャルワーカー（社会福祉士や精神保健福祉士）の養成における教育プログラムや現任 CSW の研修プログラムなどへ反映させることで，専門性の強化につながるのではないだろうか。そしてそれによって社会的孤立支援が進み，地域共生社会の実現へと向かうと考える。これらのことについて，引き続き現場実践から学び，研究を積み重ねながら検討を深めていきたい。

注

(1)　岩田（2008）は，社会的排除という用語について，国家や企業その他の権力を持つ集団が特定の弱者を排除するというようにイメージされるかもしれないが，排除の主体として，市民相互の排除や，ひきこもりのように「自分で自分を排除する」場合も想定できるとする。このように社会的排除は，グローバルからローカルな社会構造全体の中での文脈で議論されている。ここでは「排除の主体を織り込んだ排除のプロセスを問題にできる」ことから，とりわけ地域社会と対象者との関係をみていくために本議論を取り上げた。

　　また本書では，序章，および第 3 章において差別の問題を取り上げたが，先の岩田（2008）は，差別と関連して次のとおり述べている。排除は，差別のメカニズムの中で，抑圧のいち形態として持ち出される。社会的排除がいつも差別を基点としているわけではないが，「差異を利用した一方的価値づけとしての差別」はしばしば社会的排除を結果するといえる。このように，これらの議論は地域共生社会の実現とも関係が深いといえる。

(2)　地域住民も，また時に（そして多くの場合）支援者も，対象者の言動の背景が「わからない」がゆえに，あるいは有効な支援理論が「ない」がゆえに無自覚的に社会的障壁となり，社会的孤立状態を助長し，「困難事例」となっていることもあると筆者は考えている。だからこそ，我々には「まだまだやれることがある」し，

本書をお読みいただいた読者の皆様にはぜひ応答してほしいと考えている。

(3) 西小校区共生ステーションは，U市の設置する「地域共生ステーション」の第1号である。この地域共生ステーションは，小学校区ごとに住民が地域づくりに参加する拠点となる施設である。この拠点をベースに，地域づくりに関わる諸団体や地域住民が協働するためのまちづくり協議会と地区社協による組織づくりを進め，さらに地域の悩み事を包括的に把握し，地域での解決につなげる専門職であるCSWを配置することにより，福祉を中心としたまちづくりを展開することが期待されている。

(4) 例えば筆者は，スプリッティング・モデルおよびコンテイニング・アプローチ概念に基づき支援を展開すると同時に，地区社協の運営委員会で定期的に事例検討を行い，その概念的枠組みについて共有を図ってきた。また共生ステーションスタッフとも，必要に応じて来所者の相談に同席し，事例の「解釈」などを共有してきた。加えて，民生委員や共生ステーションスタッフから，各種事例への対応方法（どのように「問題行動」を捉えるか，それに対してどのようにアプローチするかなど）について相談を受けることも多々あった。これらのプロセスによって，例えば民生委員が子ども食堂内で子どもの相談に応じて新たな課題を発見したり，共生ステーションスタッフが自身の経験を生かしつつ来所者からの相談に積極的に応じたりするなど，コンテイナーとしての機能を獲得していったと考えられる。

(5) 例えば筆者の関わった事例では，次のようなものがあった。相談者が見守りサポーターとなり，同じ精神疾患のある対象者の話し相手となる。生活支援サポーターとして活動する。社会福祉士や精神保健福祉士を目指し，他者の支援を志す，などである。ある事例の対象者へ，「なぜここまで（社協事業などへ）協力してくれるのか」と聞いたことがある。すると「加藤さんにとても良くしてもらったから，その分（他者への支援として）協力したい」とのことだった。「人は良い支援を受けると，良い支援者になる」ということを実感した。

(6) ジェネラリスト・ソーシャルワークの枠組みに関する詳細な議論は，加藤(2022)を参照されたい。

(7) 序章でみたように岩間(2011)は，地域を基盤としたソーシャルワークのより精緻な理論体系の構築に向けては，「個を地域で支える援助と個を支える地域をつくる援助の一体的推進」に求められる知識と技術を明示すること，さらにそこから地域福祉の進展に向けたプロセスを明確に描写することが求められると課題提起している。

(8) これらの点は，博士学位申請論文の審査時において「今後の研究に向けた期待」として指摘された事項の一部である。

引用・参考文献

吾妻壮（2018）『精神分析的アプローチの理解と実践——アセスメントから介入の技術まで』岩崎学術出版社。

新崎国広（2009）「コミュニティソーシャルワーカーの役割と課題——児童に関わるコミュニティソーシャルワーク実践からの一考察」『発達人間学論叢』（12）：27-34.

Bion, Wilfred（1959）Attacks on linking, *The International Journal of Psychoanalysis*, 40：308-315.（＝2007，中川慎一郎訳「連結することへの攻撃」松木邦裕監訳『再考——精神病の精神分析論』金剛出版，100-115.）

地域共生社会に向けた包括的支援と多様な参加・協働の推進に関する検討会（地域共生社会推進検討会）編（2019a）『地域共生社会推進検討会中間とりまとめ』厚生労働省。

地域共生社会に向けた包括的支援と多様な参加・協働の推進に関する検討会（地域共生社会推進検討会）編（2019b）『地域共生社会推進検討会最終とりまとめ』厚生労働省。

地域における住民主体の課題解決力強化・相談支援体制の在り方に関する検討会（地域力強化検討会）編（2016）『地域力強化検討会中間とりまとめ——従来の福祉の地平を超えた，次のステージへ』厚生労働省。

地域における住民主体の課題解決力強化・相談支援体制の在り方に関する検討会（地域力強化検討会）編（2017）『地域力強化検討会最終とりまとめ』厚生労働省。

榎本涼子・浦田愛・小林良二（2021）「コーディネーターが行う個人支援における直接支援と間接支援の意義——資源の支援ネットワーク化とネットワークタイプ」『福祉社会開発研究』（13）：85-94.

フェレンツィ，S.著／森茂起訳（2000）『臨床日記』みすず書房。

藤井博志（2018）「地域共生社会を実現する社会福祉協議会の課題」『社会福祉研究』（132）：45-54.

藤井博志（2023）「地域福祉実践の展望とコミュニティ・オーガナイジング」室田信一・石神圭子・竹端寛編『コミュニティ・オーガナイジングの理論と実践——領域横断的に読み解く』有斐閣，125-148.

福本修（2004）「クラインの精神分析技法論——『児童分析の記録』を読む」松木邦裕編『オールアバウト「メラニー・クライン」』至文堂，38-65.

玄田有史（2013）『孤立無業（SNEP）』日本経済新聞出版社。

ジャーメイン，カレル・B.ほか著／小島蓉子編訳・著（1992）『エコロジカル・ソーシ

ャルワーク——カレル・ジャーメイン名論文集』学苑社。

花城暢一（2002）「コミュニティソーシャルワークの展開に関する一考察」『社会福祉学』43（1）：112-124.

半田市編（2021）『第2次半田市地域福祉計画』。

原田正樹（2014）『地域福祉の基盤づくり——推進主体の形成』中央法規出版。

原田正樹（2016）「コミュニティソーシャルワーク」上野谷加代子・原田正樹編『地域福祉の学びをデザインする』有斐閣，210-215.

原田正樹（2021）「地域共生社会政策と地域福祉研究」『日本の地域福祉』34：1-2.

原田正樹（2022）「包括的支援体制の構築に向けて——協議過程での留意点」『月刊福祉』7：38-41.

平野方紹（2015）「支援の『狭間』をめぐる社会福祉の課題と論点」『社会福祉研究』（122）：19-28.

平野隆之（2003）「コミュニティワークから地域福祉援助技術へ」高森敬久・髙田眞治・加納恵子ほか『地域福祉援助技術論』相川書房，32-40.

菱沼幹男（2004）「ソーシャルワークにおけるインフォーマルネットワークへのアプローチ——イギリスにおけるコミュニティソーシャルワークの実践から」『創造学園大学紀要』1：235-245.

菱沼幹男（2008）「コミュニティソーシャルワークを展開するスキルと専門職養成」『文京学院大学人間学部研究紀要』10（1）：83-98.

菱沼幹男（2012）「福祉専門職による地域支援スキルの促進要因分析——コミュニティソーシャルワークを展開するシステム構築に向けて」『社会福祉学』53（2）：32-44.

菱沼幹男（2018）「包括的相談支援体制の整備および住民福祉活動の現状と課題　3都県での地域福祉計画に関するアンケート調査を通して」日本地域福祉学会研究プロジェクト『地域共生社会の実現にむけた地域福祉の実践・理論課題』8-16.

菱沼幹男（2020）「総合相談支援窓口におけるコミュニティソーシャルワーカーの個別支援機能分析」『日本社会事業大学研究紀要』66：17-30.

井上英晴（2004）「地域福祉とソーシャルワーク——コミュニティワーク vs. コミュニティ・ソーシャルワーク」『九州保健福祉大学研究紀要』（5）：11-18.

井上孝徳・川﨑順子（2011）「地域包括ケアシステムの構築をめざしたソーシャルワークの実践的課題の一考察——ミクロ・メゾ・マクロ領域の連動性と循環性」『九州保健福祉大学研究紀要』（12）：9-19.

石川准・長瀬修（1999）『障害学への招待——社会，文化，ディスアビリティ』明石書店。

岩間伸之（2005）「講座　ジェネラリスト・ソーシャルワークⅠ」『ソーシャルワーク研

究』31(1)：53-58.

岩間伸之（2008）「地域を基盤としたソーシャルワークの機能――地域包括支援センターにおけるローカルガバナンスへの視角」『地域福祉研究』(36)：37-49.

岩間伸之（2009）「困難事例とは何か――3つの発生要因と4つの分析枠組み」『ケアマネジャー』11(9)：16-19.

岩間伸之（2011）「地域を基盤としたソーシャルワークの特質と機能――個と地域の一体的支援に向けて」『ソーシャルワーク研究』(37)1：4-19.

岩間伸之（2019）「地域を基盤としたソーシャルワーク」岩間伸之・野村恭代・山田英孝ほか『地域を基盤としたソーシャルワーク――住民主体の総合相談の展開』中央法規出版，13-105.

岩間伸之・原田正樹（2012）『地域福祉援助をつかむ』有斐閣。

岩田正美（2008）『社会的排除――参加の欠如・不確かな帰属』有斐閣。

神野英明（2014）「相談援助のアプローチ」柳澤孝主・坂野憲司責任編集『相談援助の理論と方法Ⅰ　第2版』弘文堂，67-90.

神山裕美（2015）「コミュニティソーシャルワークを活かす視点と方法――ストレングスアプローチ」日本地域福祉研究所監修／中島修・菱沼幹男共編『コミュニティソーシャルワークの理論と実践』中央法規出版，127-137.

加藤昭宏・有間裕季・松宮朝（2015）「地域包括ケアシステムとコミュニティソーシャルワーカーの実践（上）」『人間発達学研究』(6)：13-26.

加藤昭宏・有間裕季・松宮朝（2016）「地域包括ケアシステムとコミュニティソーシャルワーカーの実践（下）」『人間発達学研究』(7)：31-49.

加藤昭宏（2017）「コミュニティソーシャルワーカーによる"制度の狭間"支援の展開可能性について（上）――個別支援（内的世界）と地域支援（外的世界）を連動させた二次障害及び"関係性"へのアプローチから」『人間発達学研究』(8)：37-49.

加藤昭宏（2018）「コミュニティソーシャルワーカーによる子どもの支援の展開可能性について――子どもサロン『もりもり元気食堂』の実践の軌跡から」『人間発達学研究』(9)：43-55.

加藤昭宏（2019）「コミュニティソーシャルワークにおける個別支援と地域支援の統合の可能性――二次障害による社会的孤立に対する社会モデルの援用」『日本の地域福祉』32：51-62.

加藤昭宏・松宮朝（2020）「コミュニティソーシャルワーカーによる地域コミュニティ形成――愛知県長久手市の取り組みから」『社会福祉研究』22：9-20.

加藤昭宏（2021a）「『地域福祉の推進』力を高めるための地域福祉活動計画の策定手法――プロジェクトチームによる計画策定プロセスへの着目」『人間発達学研究』

(12)：51-60.

加藤昭宏（2021b）「『社会的孤立』に対する CSW の支援展開可能性——『被害感』への着目と『クライン派対象関係論』の援用」『日本の地域福祉』34：61-74.

加藤昭宏（2022）「『地域共生社会』の実現に向けたコミュニティソーシャルワーク実践理論に関する研究——コミュニティソーシャルワーカーによる『社会的孤立』支援の実践から」愛知県立大学大学院人間発達学研究科博士論文。

加藤昭宏（2023）「中学校卒業後も途切れない重層的な伴走型支援の展開可能性——コミュニティソーシャルワーカーの『のりしろ機能』に着目して」『ソーシャルワーク学会誌』（46）：1-13.

加藤昭宏（2024a）「タイ・チェンマイの中山間地域におけるメゾ・マクロ実践に関する予備的調査」『同朋福祉』（31）：135-157.

加藤昭宏（2024b）「『参加支援』推進の方法論——個別支援と地域支援の重層的統合の観点から」『日本の地域福祉』37：73-85.

勝部麗子（2015）「コミュニティソーシャルワークの実践事例」日本地域福祉研究所監修／中島修・菱沼幹男共編『コミュニティソーシャルワークの理論と実践』中央法規出版，254-261.

川本健太郎（2017）「基盤としての地域福祉力の向上」川島ゆり子・永田祐・榊原美樹ほか『地域福祉論』ミネルヴァ書房，131-143.

川向雅弘・中谷高久（2016）「浜松市におけるコミュニティソーシャルワーク事業の展開と課題」『聖隷クリストファー大学社会福祉学部紀要』（14）：11-26.

川向雅弘（2017）「『狭間』に取り組むソーシャルワーカーの『越境』の課題——地域を基盤とするソーシャルワークに求められる連携・協働とは」『ソーシャルワーク実践研究』5：12-21.

川村隆彦（2011）『ソーシャルワーカーの力量を高める理論・アプローチ』中央法規出版。

川島聡・飯野由里子・西倉実季ほか（2016）『合理的配慮——対話を開く，対話が拓く』有斐閣。

川島ゆり子（2011）『地域を基盤としたソーシャルワークの展開——コミュニティケアネットワーク構築の実践』ミネルヴァ書房。

川島ゆり子（2015）「コミュニティソーシャルワークにおける観察と記録の方法——マクロソーシャルワークの枠組みによる考察」『ソーシャルワーク研究』41(1)：34-41.

川島ゆり子（2017a）「地域生活支援とは何か」川島ゆり子・永田祐・榊原美樹ほか『地域福祉論』ミネルヴァ書房，39-58.

引用・参考文献

川島ゆり子（2017b）「ミクロの地域福祉援助」川島ゆり子・永田祐・榊原美樹ほか『地域福祉論』ミネルヴァ書房，61-74.

川島ゆり子・榊原美樹（2017）「地域福祉援助とは何か」川島ゆり子・永田祐・榊原美樹ほか『地域福祉論』ミネルヴァ書房，1-6.

加山弾（2016）「支援困難ケースを対象とするソーシャルワークに関する一考察——社会福祉協議会による実践をもとに」『福祉社会開発研究』(8)：5-12.

ケイン樹里安・上原健太郎（2019）「100年前の社会学にふれる」ケイン樹里安・上原健太郎編著『ふれる社会学』北樹出版，129-136.

木部則雄（2006）『こどもの精神分析——クライン派・対象関係論からのアプローチ』岩崎学術出版社.

木戸宜子・木幡伸子（2014）「地域を基盤としたソーシャルワーク実践展開におけるソーシャルワーク理論モデル・アプローチ活用の課題——専門職大学院におけるソーシャルワーク実践理論教育をとおして」『日本社会事業大学研究紀要』60：93-106.

北山修（2001）『精神分析理論と臨床』誠信書房.

Klein, Melanie（1946）Notes on some schizoid mechanisms, *The International Journal of Psychoanalysis*, 27：99-110.（＝1985，狩野力八郎・渡辺明子・相田信男訳「分裂機制についての覚書」小此木啓吾・岩崎徹也責任編訳『メラニー・クライン著作集4　妄想的・分裂的世界』誠信書房，3-32.）

厚生労働省編（2008）『これからの地域福祉のあり方に関する研究会報告書』.

厚生労働省編（2020）『2019年国民生活基礎調査』.

厚生労働省第9回社会保障審議会福祉部会福祉人材確保専門委員会編（2017）「ソーシャルワークに対する期待について」.

工藤寛子（2010）「多問題家族に対する地域支援体制づくりの実践的研究——かじ取り機能からCSW機能への接近」『コミュニティソーシャルワーク』(6)：60-65.

熊田博喜（2015）「『制度の狭間』を支援するシステムとコミュニティソーシャルワーカーの機能——西東京市における実践の分析を通して」『ソーシャルワーク研究』41(1)：58-67.

栗田季佳（2015）『見えない偏見の科学——心に潜む障害者への偏見を可視化する』京都大学学術出版.

黒田研二（2020）「地域包括支援の展開において留意すべきことを知る」日本生命済生会『地域福祉研究』編集委員会監修／黒田研二編著『地域包括支援体制のいま』ミネルヴァ書房，145-163.

黒澤祐介（2013）「コミュニティソーシャルワークにおけるコミュニティ概念」『大谷学報』92(2)：21-33.

牧里毎治（2023）「包括的支援体制とコミュニティソーシャルワーク」『ソーシャルワーク研究』1(1)：5-17.

松木邦裕（1996）『対象関係論を学ぶ――クライン派精神分析入門』岩崎学術出版社。

松木邦裕（2009）『精神分析体験――ビオンの宇宙　対象関係論を学ぶ　立志編』岩崎学術出版社。

松端克文（2012）「住民主体と地域組織化――『地域』をめぐる主体化と資源化のパラドックス」山縣文治・大塚保信・松原一郎編著『岡村理論の継承と展開〈第3巻〉社会福祉における生活者主体論』ミネルヴァ書房，92-114.

松端克文（2017）「地域福祉推進における2つの支援機能――個別支援と地域支援に着目して」『桃山学院大学総合研究所紀要』42(3)：1-27.

松端克文（2018）『地域の見方を変えると福祉実践が変わる――コミュニティ変革の処方箋』ミネルヴァ書房。

松端克文（2019）「地域福祉研究方法の観点から」『日本の地域福祉』32：23-35.

松端克文（2020）「共生社会に向けての新しい地域福祉」上野谷加代子編著『共生社会創造におけるソーシャルワークの役割――地域福祉実践の挑戦』ミネルヴァ書房，65-90.

見田宗介・栗原彬・田中義久編（2004）『縮刷版　社会学辞典』弘文堂。

三菱UFJリサーチ＆コンサルティング編（2021a）「ヤングケアラーの実態に関する調査研究　報告書」。

三菱UFJリサーチ＆コンサルティング編（2021b）「重層的支援体制整備事業に関わることになった人に向けたガイドブック」。

宮地尚子（2013）『トラウマ』岩波書店。

宮城孝（2010）「コミュニティソーシャルワークを展開可能とするシステムの形成と地域福祉計画」『コミュニティソーシャルワーク』(6)：17-25.

宮本太郎（2023）「協同組合が拓く新たな地域社会とケアのかたち」公益財団法人生協総合研究所『生活協同組合研究』564：8-17.

三好春樹（1997）『関係障害論』雲母書房。

水島広子（2011）『対人関係療法でなおす　トラウマ・PTSD ――問題と障害の正しい理解から対処法，接し方のポイントまで』創元社。

文部科学省初等中等教育局児童生徒課編（2023）「令和3年度　児童生徒の問題行動・不登校等生徒指導上の諸課題に関する調査結果について」。

森明人（2011）「コミュニティソーシャルワークの特質と現代的意義――地域福祉の理論的系譜と構成概念の多角的検討」『東北福祉大学研究紀要』35：111-126.

室田信一（2012）「大阪府茨木市のコミュニティソーシャルワーカー配置事業――地域

におけるソーシャルワーカーの配置方法をめぐって」『貧困研究』9：63-71.

室田信一（2014）「社会的排除に対するコミュニティソーシャルワークと社会福祉」『日本福祉教育・ボランティア学習学会研究紀要』23：36-45.

室田信一（2020）「地域共生社会の光と影」『福祉労働』（169）：10-19.

室田信一・石神圭子・竹端寛編（2023）『コミュニティ・オーガナイジングの理論と実践――領域横断的に読み解く』有斐閣。

凪野悠久著／仮屋暢聡監修（2024）『中高年の発達障害――二次障害をいきのびるための処方箋』現代書館。

内閣府編（2019）「子供の貧困対策に関する大綱――日本の将来を担う子供たちを誰一人取り残すことがない社会に向けて」。

中村和彦（2017）「ソーシャルワーク実践理論再構成への素描――『構造 - 批判モデル』の導入と養成教育における具体的展開を構想して」『北星学園大学社会福祉学部北星論集』（54）：33-47.

中村和彦（2020）「ソーシャルワーク実践理論の整備に向けたスケッチ――実践モデル・アプローチ・支援スキルの現在」『北星学園大学社会福祉学部北星論集』（57）：163-181.

中根成寿（2006）「コミュニティソーシャルワークの視点から『障害者家族』を捉える――障害者家族特性に配慮した支援にむけて」『福祉社会研究』（7）：37-48.

直島克樹（2022）「システムの変革を担うソーシャルワークの理論的枠組みへの考察――ミクロからマクロレベルの連動性とストレングス視点の結びつきに着目して」『川崎医療福祉学会誌』32(1)：31-47.

日本学術会議社会学委員会社会福祉学分科会編（2018）『提言　社会的つながりが弱い人への支援のあり方について――社会福祉学の視点から』。

日本ソーシャルワーク教育学校連盟（2019）『「地域共生社会に向けた包括的支援と多様な参加・協働の推進に関する検討会最終とりまとめ」を受けて〈声明〉』一般社団法人日本ソーシャルワーク教育学校連盟。

野田秀孝・後藤康文（2013）「障害福祉分野におけるコミュニティ・ソーシャルワークに関する考察――障害者総合支援法を題材に」『富山大学人間発達科学部紀要』8(1)：117-127.

野口定久（2008）『地域福祉論――政策・実践・技術の体系』ミネルヴァ書房。

野尻紀恵・川島ゆり子（2016）「貧困の中に育つ子どもを支える　連携支援プロセスの視覚化―― SSW と CSW の学び合いプロセスを中心として」『日本福祉教育・ボランティア学習学会研究紀要』26：15-26.

野村総合研究所編（2013）『コミュニティソーシャルワーカー（地域福祉コーディネー

ター）調査研究事業報告書』。

野村恭代（2019）「『本人主体』を基軸としたソーシャルワーク理論の構想」岩間伸之・野村恭代・山田英孝ほか『地域を基盤としたソーシャルワーク――住民主体の総合相談の展開』中央法規出版，1-11.

小栗正幸（2010）『発達障害児の思春期と二次障害予防のシナリオ』ぎょうせい。

奥田知志（2021）「伴走型支援の理念と価値」奥田知志・原田正樹編『伴走型支援――新しい支援と社会のカタチ』有斐閣，3-18.

奥田知志・原田正樹編（2021）『伴走型支援――新しい支援と社会のカタチ』有斐閣。

大橋謙策（2005）「コミュニティソーシャルワークの機能と必要性」『地域福祉研究』（33）：4-15.

大橋謙策（2015）「新しい社会福祉としての地域福祉とコミュニティソーシャルワーク」日本地域福祉研究所監修／中島修・菱沼幹男共編『コミュニティソーシャルワークの理論と実践』中央法規出版，1-9.

大橋謙策・原田正樹・森脇俊二（2023）「鼎談　氷見市社協の発展過程にみる今日的な社協の課題と期待」大橋謙策・原田正樹監修／氷見市社会福祉協議会編（2023）『福来の挑戦――氷見市地域福祉実践40年のあゆみ』中央法規出版，173-189.

大橋謙策・原田正樹監修／氷見市社会福祉協議会編（2023）『福来の挑戦――氷見市地域福祉実践40年のあゆみ』中央法規出版。

小坂田稔（2016）「地域包括ケアシステムにおける小地域ケア会議の必要性と今後の在り方――コミュニティソーシャルワークの視点からの理論的考察」『美作大学紀要』（61）：15-28.

大澤真平（2008）「子どもの経験の不平等」『教育福祉研究』（14）：1-13.

小澤康司（2007）「惨事ストレスに対するカウンセリング」山﨑久美子編『現代のエスプリ別冊――臨床心理クライエント研究セミナー』至文堂，181-190.

Ridilover 編（2022）『重層的支援体制整備事業「参加支援」推進のための手引き』。

齊藤万比古（2010）「発達障害の成人期について」『心身医学』50(4)：277-284.

斎藤環（2007）『ひきこもりはなぜ「治る」のか？――精神分析的アプローチ』中央法規出版。

参議院厚生労働委員会編（2020）「地域共生社会の実現のための社会福祉法等の一部を改正する法律案に対する附帯決議」。

佐野直哉（1976）「精神発達」松井紀和監修／佐野直哉・松井紀和・山田州宏ほか『ソーシャルワーカーのための精神医学』相川書房，27-63.

佐藤陽（2005）「埼玉県地域福祉総合支援体制の構築について――コミュニティソーシャルワークの視点から」『十文字学園女子大学人間生活学部紀要』(3)：103-122.

佐藤郁哉（2008）『質的データ分析法——原理・方法・実践』新曜社。

Segal, Hanna（1973）*Introduction to the Work of Melanie Klein*, Hogarth Press.（＝ 1977, 岩崎徹也訳『メラニー・クライン入門』岩崎学術出版社。）

社会福祉系大学院のあり方に関する分科会編（2014）「社会福祉系大学院発展のための 提案——高度専門職業人養成課程と研究者養成課程の並立をめざして」日本学術会 議社会学委員会。

社会的な援護を要する人々に対する社会福祉のあり方に関する検討会編（2000）『「社会 的な援護を要する人々に対する社会福祉のあり方に関する検討会」報告書』。

障害者政策委員会編（2018）『障害者基本計画（第4次）の策定に向けた障害者政策委 員会意見』内閣府。

ソルデン，S. 著／ニキ・リンコ訳（2000）『片づけられない女たち』WAVE 出版。

高橋爾（2006）「コミュニティソーシャルワークの方法に関する一考察——知的障害者 の地域生活支援の実践をとおして」『創造都市研究 e』1(1)：1-9.

田中英樹（2001）『精神障害者の地域生活支援——統合的生活モデルとコミュニティソ ーシャルワーク』中央法規出版。

田中英樹（2008）「コミュニティソーシャルワークの概念とその特徴」『コミュニティソ ーシャルワーク』(1)：5-17.

田中英樹（2015）「コミュニティソーシャルワークの概念」日本地域福祉研究所監修／ 中島修・菱沼幹男共編『コミュニティソーシャルワークの理論と実践』中央法規出 版，11-48.

田中英樹・中野いく子・髙橋信幸（2015）「孤立死を防ぎ，社会的孤立をいかに解消す るか——コミュニティソーシャルワーク実践のあり方に関する研究」『社会福祉学』 56(2)：101-112.

田中英樹（2019a）「わが国におけるコミュニティソーシャルワークの展開と今後の展 望」日本地域福祉研究所監修／宮城孝・菱沼幹男・大橋謙策編『コミュニティソー シャルワークの新たな展開——理論と先進事例』中央法規出版，261-273.

田中英樹（2019b）「生活の場でのケアと資源開拓を進める CSW」田中英樹・神山裕美 編著『社協・行政協働型コミュニティソーシャルワーク——個別支援を通じた住民 主体の地域づくり』中央法規出版，3-28.

田中典子（2022）「不登校中学生へのキャリア支援の現状に関する研究」『公共政策志 林』10：169-184.

谷口仁史（2021）「アウトリーチと伴走型支援」奥田知志・原田正樹編『伴走型支援 ——新しい支援と社会のカタチ』有斐閣，71-93.

東海村社会福祉協議会編（2024）『東海村における多様なアウトリーチのかたち——誰

ひとり取りこぼさない地域を目指して』。

土屋垣内晶・中川彰子・五十嵐透子ほか（2015）「ためこみ症（Hoarding Disorder）に対する理解と認知行動療法の有効性（自主企画シンポジウム4）」『日本認知・行動療法学会大会プログラム・抄録集』（41）：32-33.

内山智尋（2020）「『地域共生社会』の実現とコミュニティソーシャルワークの役割」『評論・社会科学』（133）：137-159.

梅澤稔・藤田哲也・松本昌弘ほか（2017）「社会福祉協議会における支援困難ケースへの対応の記録化・分析方法に関する研究——記録と分析による可視化の意義およびツール開発について」『福祉社会開発研究』（9）：33-44.

若佐美奈子（2020）「精神分析的視点を多様な臨床ケア場面の困難な事例に活かす」『神戸女学院大学論集』67（2）：95-112.

山野則子（2015）『エビデンスに基づく効果的なスクールソーシャルワーク——現場で使える教育行政との協働プログラム』明石書店。

山野則子（2018）『学校プラットフォーム——教育・福祉，そして地域の協働で子どもの貧困に立ち向かう』有斐閣。

山下英三郎（2011）「スクールソーシャルワークと"コミュニティ"ソーシャルワーク」『コミュニティソーシャルワーク』（8）：16-25.

山崎史郎（2017）『人口減少と社会保障——孤立と縮小を乗り越える』中央公論新社。

柳澤孝主（2014）「相談援助の実践モデル」柳澤孝主・坂野憲司編『相談援助の理論と方法Ⅰ　第2版』弘文堂：55-66.

吉川徹（2006）「アスペルガー症候群——思春期以降の合併症と自殺」石川元『現代のエスプリ　アスペルガー症候群を究めるⅠ』（464）：143-150.

全国コミュニティライフサポートセンター編（2022）『重層的支援体制整備事業による体制整備に向け，市町村内の事業実施体制の評価指標の開発に関する調査・研究事業報告書』。

全国社会福祉協議会編（2010）「全社協福祉ビジョン2011　ともに生きる豊かな福祉社会をめざして」。

全国社会福祉協議会政策委員会編（2012）「新たな福祉課題・生活課題への対応と社会福祉法人の役割に関する検討会報告書」。

　　　　　　おわりに

　本書の執筆を終えて，改めて地域福祉の実践者・研究者として「どんなコミュニティを目指していけばいいのだろうか」と考えた。
　未整理ではあるが，その要件としては，
　・世代や属性を超えて交流できる場や居場所があること
　・交流・参加・学びの機会があること
　・早期にニーズキャッチができること
　・安心して「助けて」といえること（地域住民も，支援者も）
　・多様性が尊重されること
　・誰もが主体性を発揮できること
　などが挙げられるだろう。

　さて，本書では，社会的孤立へのコミュニティソーシャルワーク実践の展開可能性を探り，地域福祉の推進における指針の一つとして「のりしろ」で包みこむ地域社会のあり方を探ってきた。「のりしろ」で包みこむ地域社会と聞いて，あなたは一体どのようなイメージを思い浮かべただろうか。
　ここで，筆者は，昼下がりの公園，あるいは森の中で，雨上がりに空にかかる大きな虹の光に包まれる情景を思い浮かべた。木々の葉がそれぞれ折り重なり合い——「のりしろ」となり——心地良い太陽の光をも生み出している。この調和の取れた「のりしろ」の重なり合い——地域住民，専門職らの「結びつき合い」——が生まれることで，時に雨風を防げるようなセーフティネットの役割にもなるだろう。このような木々の下で，あたたかい虹の光に包まれながら，そこで泥だらけで遊ぶ子どもたちのように，それぞれが笑顔で，自由に主体性を発揮できるイメージである。
　もちろん，このような木々の土壌をつくるためには，地域福祉の基盤づくりが重要であろう。とりわけ，木々を育てる栄養の大きな一つとして，ふくし共

181

育や地域福祉学習会など「意識の変容」を企図した取り組みは欠かせない。地域福祉の推進は，木々の成長のように一朝一夕に大きく進むものではないのかもしれない。しかし，一つひとつの取り組みは，確実に木々の成長につながるのである。

　本書では，クライン派対象関係論を援用したコミュニティソーシャルワーク実践理論を提唱した。これにより，関係性において生じている不安や攻撃性を分析し，アセスメントの遡上にあげることができるようになる。社会的孤立事例に対峙する支援者にはこの実践理論を有効に活用いただきたいと考えている。この実践理論を参照することで，個別支援と地域支援をより深いレベルで同時一体的に行うことができるだけでなく，支援方法に悩むCSW自身にとって一つの指針となり，アセスメントが深化するなど，CSWの専門性強化のヒントとなることを期待している。このことによって，CSW養成において「何を身に付ければいいか」がより明確となり，日本におけるソーシャルワーク実践の底上げができる可能性があるところに本書の新規性，および価値があると考えている。

　本書の後半では，特に二次障害としての被害感に着目し論考を深めてきた。このような被害感が根底にある事例は，対面でのコミュニケーションの機会やその必要性がどんどん少なくなっている現代社会において，今後さらに増え続けていくだろうと筆者は考える。だからこそ，このような考え方を「先に知っておくこと」が重要であり，「社会的な予防」が必要なのである。繰り返しになるが，妄想分裂ポジション状態（「スイッチ」が入った状態）では，部分しか見えない，いわゆる部分対象との関係しか持つことができず，物事の全体像が見えづらいのである。本書で提示した実践理論やこれらの考え方は，CSWだけでなく，社会福祉士や精神保健福祉士としても知っておくべき点が含まれているのではないかと考えている。

　また各種研修会，講演会のご依頼をいただいた際は，様々な実践や理論などについてもお伝えするが，まず一番に，「想い」を伝えることを大切にしてい

る。これは，ある意味では研究者らしくないのかもしれない。筆者は常々「現場実践に還元される研究ができる研究者になりたい」と考えているが，人が動くには，やはり「想い」が伝わることが最も大切ではないだろうか。本書に込めた「想い」が，皆様との「のりしろ」となることを願っている。

　最後に，本書の基盤となった実践は，長久手市，半田市の多くの地域住民のご協力によって推進されてきた。地域福祉の推進にご協力いただいた方々，そして，CSW に相談をしてくださった多くの住民の皆様にも，重ねて感謝の意を表したい。本書が，少しでも，日本の社会的孤立支援における実践的課題にこたえるものであることを願っている。

　また本書は，筆者の博士論文を基盤に執筆したものである。博士論文執筆の際には，福井県立大学（元・愛知県立大学）の佐野治先生，愛知県立大学の松宮朝先生に大変お世話になった（両先生には，本書執筆においても多大なるご助言をいただいた）。

　佐野治先生には，学部生時代からゼミでお世話になってきた。医療ソーシャルワーカーとして勤務していた時に「もっとソーシャルワークについて学びたい」と相談させていただいたことをきっかけに，大学院への道へと導いてくださった。そしてコミュニティソーシャルワークの研究へと足を踏み入れ，三度の転職を経て現在に至っている。実際の事例対応についても幾度となくスーパーバイズをしてくださり，また「クライン派対象関係論」についても教えてくださった，実践における師匠である。

　主指導教員である愛知県立大学の松宮朝先生には，佐野治先生が他大学へうつられることになり，大学院博士前期課程の時から一貫してご指導をいただいてきた。論文の執筆に際しては，早朝から深夜まですぐに草稿をご確認くださった。またいつも的確なご助言をいただき何度も助けていただいた。研究を進めていくにあたり，これまで幾度となく壁にぶち当たったが，いつも解決に導いてくださった。松宮先生のご指導がなければ，博士論文，そして本書の完成には至らなかった。研究における筆者の師匠である。

2人の先生の存在は，筆者にとっての実践・研究の「羅針盤」である。今でも，進むべき方向性に迷った時などはすぐに相談をしてしまうのだが，本書は，筆者と同じように「方向性に迷った」時などにも参照できるような，「日々の実践に迷う CSW の羅針盤となる一冊」となることを目指して執筆させていただいた。

　博士論文執筆の際には，佐野先生，松宮先生以外にも，多くの先生方からお力添えをいただいた。愛知県立大学の宇都宮みのり先生には，個別支援等の定義や研究方法の提示の仕方，細かな表現など，ソーシャルワークの観点から多くのご助言をいただいた。自身では気付かない指摘が多々あり，改めてソーシャルワークの深さを実感させていただいた。また心理面でもサポートをいただき，心強い存在であった。

　愛知県立大学の堀尾良弘先生には，大学院での講義を通して，博士論文の全体像を考える際の基本的な考え方や組み立て方など具体的なご助言をいただいた。また特に第5章に該当する論文を執筆していた際は，論文投稿まで丁寧にサポートしてくださり，無事に掲載に至ることができた。博士論文の草稿が完成した後も，詳細にご確認くださり，事例の記載が曖昧な部分などについて丁寧にご指導いただいた。

　日本女子大学（元・愛知県立大学）の中尾友紀先生には，修士課程において論文執筆の基礎的なところから丁寧にご指導いただいた。急遽，博士論文のご指導にも入ってくださり，章構成など博士論文全体にわたりご助言をいただいた。博士論文完成後，筆者が研究者となった後も度々お声がけくださり，社会福祉の研究者としてとても光栄に思っている。

　日本福祉大学の川島ゆり子先生には，コミュニティソーシャルワークの専門家として，草稿検討会において非常に専門的かつ的確なご助言を多々いただいた。特にCSWの定義や概念について，コミュニティソーシャルワークを専門とする立場からのご助言は，博士論文としての曖昧さや不足に気付くことのできる大変ありがたいきっかけとなった。また2回目の草稿検討会では，修正に

おわりに

ついて頭を抱えていた筆者を見かねて何度も助け船を出してくださった。現在
は，重層的支援体制整備事業に関連する調査・研究をともに行う機会をいただ
いており，これまでのご恩を返していきたいと考えている。

　ここで改めて，先生方に感謝申し上げたい。本書の基盤となる筆者の博士学
位申請論文を，次のように評価いただけたことは望外の喜びであった。

　　「社会的孤立」状態にある人に焦点をあて，その状況理解のための新たな
　　概念枠組み及び実践理論を提唱しようとするものである。社協に勤務する
　　CSW でも見逃しがちな「社会的孤立」事例を多角的に分析し，当事者の
　　内面世界にある「関係性」の問題と，地域社会が有する「無自覚的な社会
　　意識」の構造から社会的排除のメカニズムを解明し，当事者も住民も地域
　　の構成員として一体的に捉え，支え手への変化を促すという包括的な支援
　　方法を導き出した。（中略）フルタイムでの仕事を持ちながら研究を進め，
　　博士論文を仕上げることは並大抵の努力でできることではない。申請者が
　　地域福祉の実現とコミュニティソーシャルワークの支援理論の構築への情
　　熱を堅持し，努力し続けてきたことは評価すべきである。さらに，地域福
　　祉実践者の視点から浮き彫りにした問題意識であるが，研究に取り組む際
　　には，研究者としての中立性を堅持し，学問的な立場を貫いた点も高く評
　　価できる。

　実践の場，あるいは私的な場での討論では，前山憲一氏，松本涼子氏，加藤
恵氏，中根靖幸氏，川南真奈美氏，丹羽佐紀子氏（以上，半田市社協（当時を含
む））や宮田知寛氏，渡邊高子氏，松永由季乃氏，冨田悠仁氏，石川廉氏（以上，
長久手市社協（当時を含む））をはじめ，半田市・長久手市の行政・社協職員や福
祉事業所の職員の皆様からは非常に多くの叱咤激励を受けた。また筆者が現場
実践に携わっていた時から現在に至るまで，日本福祉大学の原田正樹先生，野
口定久先生（現・佐久大学），吉村輝彦先生，野尻紀恵先生，林祐介先生，菊池
遼先生，金城学院大学の朝倉美江先生，柴田学先生（現・関西学院大学），橋川

185

健祐先生，鍛冶智子先生，松井康成先生，岐阜協立大学の後藤康文先生，長野大学の藤井博之先生，厚生労働省の清水修氏，國信綾希氏，東郷町役場の有間裕季氏，そして東浦町社協の髙見靖雄氏，蟹江町社協の川嶋鮎子氏をはじめ愛知県内の社協職員の諸先輩方，氷見市社協の森脇俊二氏，東海村社協の古市こずえ氏など，数えきれないほど多くの方々のサポートをいただいてきた。心より感謝したい。

　最後に，未熟な筆者に初めての出版の機会を与えてくださり，企画段階から編集まで丁寧に伴走してくださったミネルヴァ書房の亀山みのり氏に，改めて深く感謝の意を表したい。

　なお，本書における各章の初出は以下のとおりである。

序　章　加藤昭宏（2022）「『地域共生社会』の実現に向けたコミュニティソーシャルワーク実践理論に関する研究——コミュニティソーシャルワーカーによる『社会的孤立』支援の実践から」愛知県立大学大学院人間発達学研究科2021年度博士学位論文（大幅に加筆修正）

第1章　加藤昭宏（2017）「コミュニティソーシャルワーカーによる"制度の狭間"支援の展開可能性について（上）——個別支援（内的世界）と地域支援（外的世界）を連動させた二次障害及び"関係性"へのアプローチから」『人間発達学研究』（8）：37-49（大幅に加筆修正）

第2章　加藤昭宏（2023）「中学校卒業後も途切れない重層的な伴走型支援の展開可能性——コミュニティソーシャルワーカーの『のりしろ機能』に着目して」『ソーシャルワーク学会誌』（46）：1-13（加筆修正）

第3章　加藤昭宏（2019）「コミュニティソーシャルワークにおける個別支援と地域支援の統合の可能性——二次障害による社会的孤立に対する社会モデルの援用」『日本の地域福祉』32：51-62（加筆修正）

第4章　加藤昭宏（2024b）「『参加支援』推進の方法論——個別支援と地域

支援の重層的統合の観点から」『日本の地域福祉』37：73-85（加筆修正）

第5章 加藤昭宏（2021b）「『社会的孤立』に対する CSW の支援展開可能性
──『被害感』への着目と『クライン派対象関係論』の援用」『日本の地域福祉』34：61-74（加筆修正）

終 章 加藤昭宏（2022）「『地域共生社会』の実現に向けたコミュニティソーシャルワーク実践理論に関する研究──コミュニティソーシャルワーカーによる『社会的孤立』支援の実践から」愛知県立大学大学院人間発達学研究科2021年度博士学位論文（大幅に加筆修正）

本書の出版にあたっては，勤務先である同朋大学から特定研究助成をいただき，福田琢学長をはじめ，教職員の方々には大変なご尽力をいただいた。深く感謝申し上げたい。

2024年12月

加 藤 昭 宏

さくいん
（＊は人名）

あ行

アウトリーチ　4, 32, 40, 158
アウトリーチ等を通じた断続的支援事業　4,
　84
アセスメント　39, 49, 52, 73, 81, 101, 141
生きづらさ　9, 49, 51, 57, 58, 99
意識化　57
異物　139, 143, 145, 152, 153
＊岩間伸之　17, 26-28, 163
受け手から支え手へ　117, 132, 155, 161
うつ病　49, 102
エコロジカル・アプローチ　8
エコロジカル・パースペクティブ　41, 151
越境　26, 70, 82, 113
越境型の参加支援　113, 118, 120
＊大橋謙策　16, 27
親子（母子）関係　37, 82, 149

か行

外国籍　75, 114
解釈　59, 98, 139, 142-145, 149, 155, 157, 169
回覧板　4
仮想世界　163
家族不和　37, 45, 48
活動計画→地域福祉活動計画
関係性　37, 39, 41, 43, 94, 100, 126, 127, 133,
　153
関係性の中で生じる問題　100, 101, 125, 144,
　151, 153, 160
気付き　9, 58, 85, 90, 91, 93, 99, 100, 108, 118,
　121, 141, 144, 157, 160
機能分化派　23, 108
気分障害　43
教育と福祉の連携　66, 74, 81
共業モデル　69, 70, 81
共生型サロン　156
共生ステーション　157, 169
協働体制　83, 165
共同募金　28

強迫性障害　43, 48, 49
起立性調節障害　37, 93
緊急小口資金　38
近隣トラブル　37, 47, 96, 97, 127, 142, 154
近隣への配慮　5, 40
＊クライン，M.　12, 42, 133
クライン派対象関係論　8, 12, 131
グレーゾーン　75
計画　21, 25
経過と対応　47, 73, 98
経験の格差　28
圏域　2
現象化している問題（課題）　37, 38, 51, 54,
　56
原初的防衛機制　134, 135, 139, 143, 152, 156
効果的で相乗的なソーシャルワーク実践　25
攻撃性（破壊衝動）　134, 135, 139, 141, 143,
　152
高校中退　64
交互作用　41, 42, 133, 143, 145, 146, 151, 153,
　157, 159, 160
構造的障壁　7, 8, 11
後方支援　81, 85, 119-121, 158
コーディネーター　4, 18, 42, 115
国際的な合意事項　6
こころというコンテイナー　149
こころの洗濯機　149
個人モデル　9, 52, 90
子育て不安　92, 95, 102
孤独　93
孤独・孤立対策推進法　102
孤独・孤立対策地域協議会　102
子ども食堂　79, 80, 169
子どもの権利条約→児童の権利に関する条約
断らない相談　2, 4, 39, 120, 121
個別支援　18, 22, 26, 31, 61, 88
個別支援と地域支援の総合的展開　23, 127
個別支援の深化　25, 26, 97, 99, 108, 116, 121,
　160, 165

189

ゴミ屋敷　3, 32, 37, 40, 44, 48, 49, 59, 96, 102
コミュニティ　10, 145, 153-155, 157
コミュニティ・オーガナイジング　10, 32
コミュニティソーシャルワーク　15, 30, 42
コミュニティソーシャルワーク機能　21, 22, 167
コミュニティソーシャルワークシステム　23, 26, 31, 68
コミュニティソーシャルワーク実践理論　20, 27, 125, 133, 146, 163
コミュニティソーシャルワークに求められる10の機能　16
コミュニティソーシャルワークの定義　16
コミュニティソーシャルワーク方法論　19, 20
コミュニティワーカー　25
コミュニティワーク　3, 15, 16, 22, 23, 26, 28, 33, 40
コミュニティワークシステム　23, 26
孤立　93
孤立死　1, 40, 42
個を支える地域をつくる援助　26, 128
個を地域で支える援助　26, 128
コンテイナー　8, 139, 145, 149, 156-158, 165
コンテイナー機能　139, 145
コンテイナー社会　166
コンテイニング　132, 139, 145, 149, 155
コンテイニング・アプローチ　3, 8, 151, 156, 161, 165
コンテインド　139

さ行
歳末たすけあい募金　28
差別　9, 89-91, 99, 108, 153, 168
差別社会　90
サロン　92, 94, 97, 114, 148
参加支援　2, 42, 102-105, 109, 120
参加支援機能　119, 120, 158
参加支援事業　102, 105, 109, 113, 120
ジェネラリスト・ソーシャルワーク　16, 17, 27, 41, 129, 159
支援会議　47, 73, 79, 81, 98

支援拒否　125
支援困難　20, 27, 125, 127, 128
支援センター→障がい者相談支援センター
支援の焦点　35, 36, 103
支援の狭間　69, 165
支援の枠組み　87, 103
時間軸　49, 50
システム　21, 30, 42, 44, 61, 107
システムとしてのコミュニティソーシャルワーク　17
持続可能な開発目標（SDGs）　12
実践型ふくし共育　123
実践的総合派　23, 26, 27, 108
実践モデル　14
児童の権利に関する条約（子どもの権利条約）　11
社会開発　7, 12
社会的孤立　2, 27, 38, 44, 50, 66, 91, 100
社会的孤立・排除の生活史モデル　9, 50, 53, 96
社会的障壁　50, 56, 89, 121
社会的排除　1, 4, 39, 41, 49, 50, 54, 60, 91, 152, 168
社会福祉士　2, 11, 168, 169
社会モデル　9, 89, 90, 97, 99-101, 159
重層化　119
重層的　64, 80, 81, 83, 119-122
重層的支援体制整備事業　2, 4, 42, 63, 82, 103-106, 122
集団的責任　7, 9
障害者サロン　95
障がい者相談支援センター　46, 73, 74, 77, 81, 95, 115, 123
障害者の権利に関する条約（障害者権利条約）　88, 89
少数派→マイノリティ
情緒的共感　82, 165
診断主義　133
心的ダメージからの解放　8
スイッチ　137, 147, 148
スーパーマンとしてのCSW　19, 21
スクールカウンセラー→SC

スクールソーシャルワーカー→SSW

ストレングス・モデル　33, 125, 129, 130, 145, 159

スプリッティング　151, 152, 154, 156, 161, 164

スプリッティング・モデル　3, 8, 151, 153, 154, 161

生活困窮　45

生活困窮者自立支援制度　123

生活困窮者自立相談支援事業　29, 39, 111, 112, 114

生活支援コーディネーター　18, 25, 84, 112, 114

生活モデル　41, 128, 159, 161, 164

精神疾患　37, 97

精神分析　8, 131, 133, 148

精神保健福祉士　2, 168, 169

生徒支援連絡会　72, 73, 77, 79, 80, 84

制度としてのソーシャルワーカー　69

制度の狭間　1, 3, 18, 37, 39, 40, 43, 49, 96, 100, 167

セルフネグレクト　157

潜在化　37, 54, 65, 66, 75, 81, 91, 100, 108, 115, 117, 120, 121, 159

専門性　2, 4, 20, 27, 70, 102, 168

早期発見　4, 63, 92, 94, 97

双極性障害　37, 48, 49

相互乗り入れ型の協働実践　26

相似構造　151, 152, 156, 161, 164

相乗効果　25, 109, 110, 165

相談支援　2, 19, 67, 68, 104-106

ソーシャルインクルージョン　90

ソーシャルワーカー　11, 16, 20, 39, 168

ソーシャルワーク機能　2, 21, 107, 168

ソーシャルワーク実践理論　13, 15

ソーシャルワーク専門職のグローバル定義　7-9, 11, 12, 156

ソーシャルワークの中核　7, 9

ソーシャルワーク方法論　13

ソーシャルワーク理論アプローチ　15

ソーシャルワーク理論モデル　15

ソーシャルワーク論　13

た行

対象関係　131

体制整備　4, 125

多機関協働事業　113, 118

多数派→マジョリティ

多頭飼育　37, 102

多様性　7, 9

誰一人取り残さない　12, 165

地域共生社会　9, 88, 90, 166

地域支援　18, 22, 23, 26, 31, 61, 88, 94

地域支援機能　44, 92

地域支援の推進　26, 92, 97, 100, 108, 116, 119, 121, 160, 165

地域支援を通した個別支援　36, 128, 130, 145, 146, 157

地域生活課題　101, 104

地域づくり　2, 104, 115

地域福祉援助　26

地域福祉援助の8つの実践場面　25

地域福祉学習会　47, 48, 97, 98, 102, 148

地域福祉活動計画（活動計画）　88, 92, 102

地域福祉計画　21, 26, 28, 92

地域福祉圏域　4, 25, 92

地域福祉支援計画　1

地域福祉の基盤　26, 28, 33, 118, 120-122, 148

地域福祉の推進　24, 28, 110, 165

地域を基盤としたソーシャルワーク　17, 26, 28, 159

地域を基盤としたソーシャルワークの8つの機能　17

チームアプローチ　30, 68, 69, 103

地区社協　92, 93, 97, 102, 157, 169

重複領域　24, 28, 100, 109, 158

つながり　2, 10, 39, 41, 67, 90, 96, 126, 153

転移解釈　133

投影　134, 135, 141, 143, 149

投影同一視　134, 135, 139, 141, 143, 144, 148

統合　23, 26, 87, 91, 100, 101, 107, 119, 120, 156, 164, 165

統合機能　119, 121

統合失調症　37, 43, 48, 49, 102

当事者サロン　156

途上国　11, 12

な行
内的世界　12, 42, 49, 51, 52, 98, 131, 133, 141,
　151-158, 162
内的対象　131, 133, 163
ニーズ　38, 40, 65, 70, 81-83, 119, 121
ニーズキャッチ　4, 59, 120
ニード　40, 69
二次障害　8, 9, 43, 48, 49-51, 54, 58, 97, 98,
　102
二次障害の相互作用モデル　51
認知症　37, 42, 97, 102
のりしろ　69, 70, 82, 164-166
「のりしろ」機能　83, 113, 165, 166

は行
パーソナリティ障害　37, 43, 47, 48, 102
パートナーシップ・ファミリーシップ宣誓制度
　116
排除　9, 89, 90, 143, 152, 153
迫害　43, 48, 49, 58, 131
迫害不安　132, 134, 135, 139, 141, 143, 157
8050世帯（問題）　3, 67, 94, 114
発達障害　9, 37, 43, 48-50, 52, 55, 102
バッチシステム　2
破滅 - 解体不安　134, 135, 139, 143, 149, 151
伴走型支援　64, 67, 68, 80, 81, 83, 122, 126,
　129
＊ビオン，W.　12, 138, 139
被害感　8, 53, 54, 125, 129, 132, 141, 143-146,
　148, 152, 154, 155, 157, 160, 161, 163, 167
ひきこもり　3, 6, 37, 40, 42, 49, 96, 102, 112,
　136, 141, 154
貧困　1, 8, 10, 28, 65, 72, 75, 82, 93, 152
不安　12, 39, 47, 98, 112, 127, 132-135, 141,
　143, 149, 155, 162
不安障害　43, 49, 53
複合多問題　19, 20, 68
ふくし共育　10, 72, 110, 115-118, 121, 123
福祉的なニーズ　37
部署横断的　110, 115, 117, 118

不登校　10, 42, 64, 65, 72, 75, 77, 112, 114
＊フロイト，S.　131
分裂　134, 135, 141, 143, 148, 151, 152
併存精神障害　43, 44, 48, 49, 52, 53, 58
偏見　14, 50, 56, 97, 127
防衛機制　133, 134, 136
包括的（な）支援体制　63, 68, 83, 103, 122,
　125, 166, 167
母子関係→親子関係
ポジショニング　38, 39
ポジション　134, 136
母子の交流モデル　139, 140
ボランティアセンター　79, 84, 110, 123

ま行
マイノリティ（少数派）　9, 50, 56, 57
マクロレベル　68, 109
マジョリティ（多数派）　9, 50, 56, 57
まちあるき　115, 123
見えない強弱関係　9, 57
ミクロレベル　68, 151, 153, 154, 156, 161, 164
見守りサポーター　92, 94, 95, 169
民生委員・児童委員　47, 75, 84, 93, 95, 98,
　141, 157, 169
無意識　57, 131, 136, 143, 149
無自覚な（社会）意識　9, 91, 100, 108, 116,
　121, 122, 157-159
メゾレベル　152-154, 156, 158, 161, 164
面的接合　69, 70, 81
妄想性の不安　134
妄想分裂ポジション　132, 134-137, 141, 143,
　145, 146, 149, 151, 152, 155
もりもり元気食堂　93, 95, 102
問題行動　99, 134, 135, 144, 152, 154, 169

や行
ヤングケアラー　10, 64, 65, 75, 76, 79, 82, 122
抑圧　7-9, 24, 91, 100, 108, 153, 159
抑うつ不安　134
抑うつポジション　134, 136, 149
横並び型（伴走型）　38

さくいん

ら・わ行
リフレーミング　117
我が事　88, 90, 91, 93, 94, 97, 99, 100, 144, 146, 159

欧文
CSW（コミュニティソーシャルワーカー）　1, 3, 5, 18, 20, 25, 31, 68, 70, 82, 87, 96, 107, 155-157, 167

CSW 計画書　58, 61
CSW 養成研修　21, 32
LGBTQ　50, 57, 74, 116, 117
SC（スクールカウンセラー）　65, 79, 85
SDGs →持続可能な開発目標
SOGI　60
SSW（スクールソーシャルワーカー）　66, 70, 85

193

《著者紹介》

加藤昭宏（かとう・あきひろ）

同朋大学社会福祉学部専任講師。医療ソーシャルワーカー，社会福祉協議会でのコミュニティソーシャルワーカーとしての勤務等を経て，2023年4月より現職。愛知県立大学大学院人間発達学研究科修了（2022年），博士（人間発達学）。

主著に「コミュニティソーシャルワークにおける個別支援と地域支援の統合の可能性──二次障害による社会的孤立に対する社会モデルの援用」（『日本の地域福祉』32：51-62，2019年），「『社会的孤立』に対するCSWの支援展開可能性──『被害感』への着目と『クライン派対象関係論』の援用」（『日本の地域福祉』34：61-74，2021年），「中学校卒業後も途切れない重層的な伴走型支援の展開可能性──コミュニティソーシャルワーカーの『のりしろ機能』に着目して」（『ソーシャルワーク学会誌』46：1-13，2023年），「『参加支援』推進の方法論──個別支援と地域支援の重層的統合の観点から」（『日本の地域福祉』37：73-85，2024年）など。

新・MINERVA福祉ライブラリー㊺

社会的孤立へのコミュニティソーシャルワーク実践
──地域福祉推進の羅針盤──

2025年2月20日　初版第1刷発行　　　　　　　〈検印省略〉

定価はカバーに
表示しています

著　者	加	藤	昭	宏
発行者	杉	田	啓	三
印刷者	江	戸	孝	典

発行所　株式会社　ミネルヴァ書房

607-8494　京都市山科区日ノ岡堤谷町1
電話代表 (075)581-5191
振替口座 01020-0-8076

© 加藤昭宏，2025　　　　　共同印刷工業・吉田三誠堂製本

ISBN978-4-623-09826-2

Printed in Japan

地域包括支援体制のいま

公益財団法人日本生命済生会『地域福祉研究』編集委員会 監修
黒田研二 編著
Ａ５判　248頁　本体2600円

地域の見方を変えると福祉実践が変わる

松端克文 著
Ａ５判　274頁　本体3000円

新しい地域福祉の「かたち」をつくる

伊藤葉子・川村岳人・中田雅美・橋川健祐・三好禎之 編著
Ａ５判　414頁　本体8000円

人口減少時代の地域福祉

野口定久 著
Ａ５判　328頁　本体3200円

地域福祉のはじめかた

藤井博志 編著
Ｂ５判　196頁　本体2400円

新版 よくわかる地域福祉

上野谷加代子・松端克文・永田　祐 編著
Ｂ５判　180頁　本体2400円

──── ミネルヴァ書房 ────
https://www.minervashobo.co.jp/